知っておきたい
ミリタリーフィギュアのはじめかた

Essential knowledge and skills of creating military model figure.

AFV作品をさらに引き立てる
ミリタリーフィギュアの存在

文／斎藤仁孝
Described by Yoshitaka Saito

戦車模型をカッコよく仕上げたい！ それなら作品に"フィギュア"を組み合わせるのがいちばんです。例えば戦車の大きさはミニチュアを見ただけではいまいち実車の持つ凄さが伝わってきません。ですが良く知っているものを添えることでとても理解がしやすくなるのです。良く知っているもの、大戦時といった過去と現代でさほど変わりのないということなら「人間」がいちばんです。人間ならば大きさだけでなく、柔らかさや脆さも知っています。つまりフィギュアを車両作品に加えることで比較対象物の役割を持ち、車両の大きさや重厚感、皮膚よりも固そうな装甲板の迫力までもが強調される効果があり、それらがとてもわかりやすく伝わってくるのです。それだけでも充分カッコいい仕上がりになること間違いなしなのですが、さらに付加価値（？）として、その車両が生きているのか、やられて動けない状態なのかが理解しやすくなったりと、フィギュアに演出させることで単品車両作品がストーリーを持ち始めます。そのまま地面を付ければ情景模型になっていく……。そういった表現の広がりをみせて発展していく楽しみこそ、ペットボトルからピアノ、建物までもがキットとして充実している戦車模型特有のおもしろさといえるでしょう。フィギュアの向こう側には単品車両作品では得にくい世界が広がっているのです。ですが、「これからフィギュアをはじめよう！」という方にはフィギュア製作は「良く知っている」モノを対象としていることで車両などと比べて作業が難しいと感じる方が多いのも事実です。なんとか手順を理解しようと手にした参考書も、すでに作れる方がさらに上の仕上がりを目指すためのハイエンドな内容が多く、「いきなりここまでやらなければならないの？」といった誤解を生みやすいこともあり初心者にはオススメできませんでした。それでは挑戦したくても尻込みしてしまいますよね？ ただ、「なんだか難しそう」なんてイメージだけで挑戦しないのはもったいない。いきなり上手い仕上がりになる方はほとんどいません。ベテランフィギュアペインターでも最初は初心者です。ですから気後れなんてまったく必要はないのです。本書ははじめての方から確実に一歩ずつステップアップできるように、ミリタリーフィギュアのはじめ方を解説していきます。先にも記したようにフィギュアは必ず戦車模型製作をより楽しくしてくれます。本書がそのおもしろさ、豊かさを多くのモデラーに知っていただけるきっかけになれば幸いです。　■

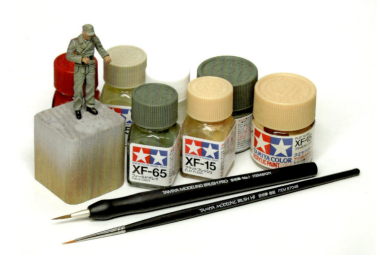

▲▶タミヤ 1/35「ドイツ国防軍 戦車兵セット」を拡大して観察すると、胴体パーツの、ベルトのバックルのエッジなど硬い部分の彫りにくらべ、ヘッドパーツの顔の彫りが格段にこまかくなめらかになっているのがわかる

AFVモデルはフィギュアの有無で印象がガラリと変わる！

▲では実際にフィギュアの有無によって、どれだけ車両の印象が変わるかを見てみよう。上の画像は車両を同じ角度で撮影したものだが、片方はフィギュアなしで、もう片方はフィギュアを追加している。フィギュアなしのものは、車両が主役となり砲塔の向きでしか表情を出すことができない。一歩間違えば退屈なものにも見えかねない。一方で、フィギュアを追加したものは砲塔に加え、フィギュアの視線も加わり表情が豊かになっているのがわかる。なにより戦車長がキューポラに立っているというだけで、この戦車が稼動状態であることがひと目でわかる重要な情報源にもなっているのだ。

フィギュアを車両に搭乗させるだけでなく、複数人使用して同じ方向を向かせたり、リラックスしたポーズを付けたりと演出することで車両単体だけでは表現できなかったストーリーが生まれ、地面がなくてもまるでダイオラマ作品とまで感じさせるような仕上がりにすることもできる。またフィギュアを通じて状況を説明することも可能だ。例はどちらもリラックスしているような様子だが、逆に身をかがめたり、なるべく身を隠し、目線だけハッチから出すなどすれば、ダイオラマでなくても緊張感を高めることもできる。ストーリーの演出は車両だけでは難しく、フィギュアを組み合わせることで断然得やすくなるというわけだ。

Essential knowledge and skills of creating military model figure.

INDEX

- 6　ミリタリーフィギュアを作る際に覚えておきたいこと
- 8　ミリタリーフィギュア塗装トラブル解決Q&A

17　【初級編】
- 18　フィギュアの基本工作その1
- 20　フィギュアの基本工作その2　シワなどモールドのメリハリ
- 22　フィギュアの基本工作その3　ポーズとボリュームの変更
- 24　フィギュアを塗装してみよう
- 26　シャドー＆ハイライトで陰影を強調する
- 28　アクリルとエナメルを併用してフィギュアを塗装する
- 30　陰影を付けてフィギュアをステップアップしよう
- 33　オイルブラッシャー 4本で仕上げる肌の陰影塗装
- 34　エナメル塗料によるフィギュア塗装法
- 36　動物フィギュアの塗り方

41　【中級編】
- 42　ドイツ軍の迷彩服の塗り方
- 46　陸上自衛隊の迷彩服の塗り方
- 50　迷彩服に陰影を付ける
- 52　フィギュアに目を入れてみよう

57　【上級編】
- 58　フィギュアマイスター平野義高氏の塗装法
- 60　平野義高氏による女性フィギュア塗装法
- 62　フィギュアを車両に乗せるためのフィッティングテクニック
- 66　既存フィギュアキットをベースにしたポージング変え改造方法
- 70　竹 一郎氏の作品に見る匠の技で作られたヴィネット
- 78　エアブラシで陰影表現を行なう　その1
- 82　エアブラシで陰影表現を行なう　その2
- 84　「アクリジョン」を使ったレイヤー塗りで仕上げる
- 86　水性アクリルでTTsKo迷彩を塗装する
- 88　ヴィネット作品で見るアクリル塗料の特性
- 92　オープントップの自走砲は戦闘中のシーンを再現したい

Essential knowledge and skills of creating military model figure.

ミリタリーフィギュアを作る際に覚えておきたいこと

フィギュア塗装に使う塗料とは!?

ラッカー系塗料

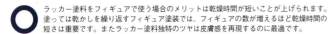
●塗膜が強く、乾燥時間が早いのも特徴。国内では車両の塗装にメインで使うといったモデラーが多く、色数も豊富に揃っている。

○ ラッカー塗料をフィギュアで使う場合のメリットは乾燥時間が短いことが上げられます。塗っては乾かしを繰り返すフィギュア塗装では、フィギュアの数が増えるほど乾燥時間の短さは重要です。またラッカー塗料独特のツヤは皮膚感を再現するのに最適です。

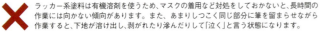
× ラッカー系塗料は有機溶剤を使うため、マスクの着用など対処をしておかないと、長時間の作業には向かない傾向があります。また、あまりしつこく同じ部分に筆を留まらせながら作業すると、下地が溶け出し、剥がれたり滲んだりして「泣く」と言う状態になります。

アクリル系塗料

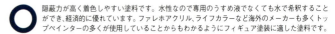
●下塗りから上塗りまで、そつなくこなす万能塗料のひとつ。筆塗りにも向いている塗料が多い。海外メーカーも含めると種類も色数も豊富に揃っている

○ 隠蔽力が高く着色しやすい塗料です。水性なので専用のうすめ液でなくても水で希釈することができ、経済的に優れています。ファレホアクリル、ライフカラーなど海外のメーカーも多くトップペインターの多くが使用していることからもわかるようにフィギュア塗装に適した塗料です。

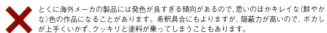
× とくに海外メーカーの製品には発色が良すぎる傾向があるので、思いのほかキレイな（鮮やかな）色の作品になることがあります。希釈具合にもよりますが、隠蔽力が高いので、ボカシが上手くいかず、クッキリと塗料が乗ってしまうこともあります。

エナメル系塗料

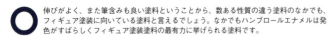
●エナメル塗料はラッカー塗料やアクリル塗料を侵しにくいので、上塗りの塗料として向いている。また塗料は伸びがよく、筆塗りがしやすいのも特徴だ。

○ 伸びがよく、また筆含みも良い塗料ということから、数ある性質の違う塗料のなかでも、フィギュア塗装に向いている塗料と言えるでしょう。なかでもハンブロールエナメルは発色がすばらしくフィギュア塗装塗料の最有力に挙げられる塗料です。

× これはメリットとしても利用できることですが、乾燥時間が長いことが挙げられます。また使うまえによく撹拌しないとツヤが出てしまうことがあります。とくにハンブロールで起きやすいのですが、容器の表示にもあるように30秒ほど撹拌することで使用できます。

油彩（油絵の具）

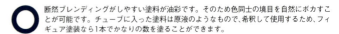
●模型で使用する感覚では塗料の原液チューブに入ったもの。本来は絵画などで使われるが、最近では模型用のものも発売されている。

○ 断然ブレンディングがしやすい塗料が油彩です。そのため色同士の境目を自然にボカすことが可能です。チューブに入った塗料は原液のようなもので、希釈して使用するため、フィギュア塗装なら1本でかなりの数を塗ることができます。

× 最近では模型用として製品化されているものもあるので、模型店でも入手が可能になってきましたが、まだまだ取扱店が少ないため購入しにくいといった面があります。また、肌色やミリタリー専用色などがなく、調色のスキルが必要となります。

極力塗装面は触らない

フィギュアの塗装でおもに使用する塗料は、高い発色強い隠蔽力を持つアクリル塗料やエナメル塗料となる。これらの塗料はラッカー系塗料のように塗膜が強くないので、ちょっと擦れただけでツヤの具合が変わったり剥がれてしまう。修正が難しいのも特徴で、その場合は最初からやり直しになってしまうので注意しよう。

▶塗装を開始したら、基本的にフィギュアは素手では触らないこと。ヘッドの接着などどうしても触る必要に迫られた場合は、柔らかい布や手袋を使用する。

拡大鏡は強い味方 積極的に使ってみよう

とにかく小さい1/35フィギュアの顔や迷彩パターンを描き込む作業は、まるで米粒に文字を描く作業のようで苦労である。そこで拡大鏡を使用するとこまかい部分の塗りわけが可能になるからあら不思議！目で見えると微妙な動きが可能となるのが人間の神秘。未体験のかたは騙されたと思って試してほしい。

▶ウェーブ製「ルーペスタンド[LEDライト付]」

事前準備と筆の選択がフィギュアを極める秘訣

「弘法筆を選ばず」という言葉がありますが、(私を含めた)弘法でないモデラーは筆をしっかりと選びましょう。モデルカステンプログレスブラシや、ウインザー＆ニュートンなど、毛先がばらつき難い筆を選ぶのがコツです。

全高5cmあまりという非常に小さい1/35フィギュアに正確な塗装を施すのでから、フィギュアをしっかりと保持させるため土台を用意します。よく真ちゅう線を足の裏に突き刺しただけで塗装しているモデラーも見受けられますが、それではフィギュアがぶれてしまいます。写真のようなサイズの木製角材を使用すると、しっかりとフィギュアを保持することができ、正確な塗装を行なうことができます。

地味な練習があとで効いてくる

フィギュア上達のコツは数を作ること……というのは当たり前。ここではちょっとしたコツで上手になる方法を教えましょう。それは「細い線を描く練習」です。フィギュア塗装は「塗る」というより「描き込む」という感覚で作業します。塗料の重ね塗りの場合、細い線を連続で描いている作業ともいえるのです。とくに1／35のように小さい面積に多くの情報を入れようと思うと、繊細な作業が求められます。細い線を描く練習をすることで筆先のさばき方を覚えればフィギュア塗装はマスターしたも同然です。また、細い線を描く練習は塗料の薄め具合を調節する要領もつかみやすく、滲ませないように筆への塗料の残し具合もあわせて練習できます。

▼細い線を描く練習はプラ板でするとよい。なるべく細く長く描けるようになれば、自然と塗料と筆の扱い方を体が覚える。線を描く際は塗料の濃度にも注意して練習してみるとよい。

▲フィギュア名人と言われるモデラーは必ずといっていいほど、パレットの横にティッシュを置いて作業している。滲みができないように筆への塗料の含み具合を調整することと、筆先を整えるためだ。

黒と白は要注意

フィギュアのスタンダードな塗り方は、基本色を塗り、シャドーとハイライトを入れて行く方法です。この順番で塗る場合、気をつけなければいけないのが冬季迷彩服の白とドイツ軍戦車兵の黒い服です。両色はそのまま塗ってしまうと、白はそれ以上明るくできませんし、黒はそれより暗い色にできません。ひたすら暗くするか、明るくする方法もありますが、塗り方のあんばいを変えなければいけません。そこで中間色からはじめることで、塗り方の順番やあんばいを変えなくても塗装がしやすくなります。

▶白い服は黒とは逆にハイライトが入れづらい。ベージュなど中間色をベース色にするとよい。

▲ドイツ軍戦車兵の黒いジャケットは、黒ではなくグレーをベース色とすることで、シャドーを入れることができる。

Essential knowledge and skills of creating military model figure.

ミリタリーフィギュア塗装
トラブル解決Q&A

フィギュアを塗装したい！わかりますその気持ち。AFVモデルをたしなめば気になる存在、それがフィギュア。その気持ちに全力でお答えしたい！フィギュアの向こう側には無限の世界が待っているんです。あとはトビラの開け方次第。でもいままでどおりの奨め方では下のフィギュアのようになってしまい堂々巡りに……。ここではフィギュア塗装における疑問にお答えしながら、もっともっとフィギュア塗装がしたくなる新基準の提案をしたいと思います。

あるあるトラブルを解決

フィギュア塗装をこれからはじめる方のためにですね……ん？「もう塗ってるけど、ちょっと行き詰まってます」「もう少し塗れるようになれば」と考えている方々はそのままでいいのか？いや、よくない！ということで、まずはフィギュア塗装をされたことがあるモデラーなら共感するでしょう"フィギュア塗装あるあるトラブル"のなかから「いつもここが上手くいかないんだよね〜」という代表的な事例を挙げてそれぞれ解説していきます。つまり、いきなり中級編に近い内容ということ。前のページ(P12)で登場したフィギュアはよくある「塗装お悩み例満載」の仕上がりとなりました。ここまで塗れれば中級と言ってもよいレベルに近いと思いますが、プロモデラーやベテランモデラー達の作品となにが違うのか？じつは分解してみていくと、それぞれひとつずつは些細なことだったりもするのです。まずは、もう塗っている方が先に進むかちょっと引き返すか考えるために、これからはじめようという方には、転ばぬ先の杖として、知っていて損はないフィギュア塗装のコツを紹介します。■

- 描いてはみたもののびっくりオメメになっちゃうんですけど……
- 階級章って塗らなきゃダメ？こまかすぎてもはや塗装不可能では？
- 塗っているうちにどんどんツヤが出てきたぞ!?
- あれれ？塗っているうちにモールドが消滅……
- あっ！塗料がはみ出しちゃった！
- これはもう修復不可能？塗料が剥がれてしまった

Essential knowledge and skills of creating military model figure.

①塗料がはみ出してしまった
②塗料が剥がれてしまった
③ツヤが出てしまった
④モールドが塗料でつぶれてしまう
⑤シェードを入れると黒くくすんでしまう
⑥目を上手く描けない
⑦髪や目の色はどんな色で塗れば？

⑧別々で塗ったパーツの接着法は？
⑨取り返しが付かないほどの失敗……リカバリー法は？
⑩素材の質感を出したい
⑪場所によってはツヤも必要？
⑫階級章などを精密に再現したい
⑬フィギュアのウェザリングは必要？

Q.1 塗料がはみ出してしまった

フィギュア塗装での失敗で最も多いのがコレなんです。慎重に塗ってるつもりなのに、どうしても目的の場所に塗料が乗ってくれない……。緊張しているつもりはないのにどうしても筆先がブレてしまうのはなぜ？　予防策とリカバリー法があれば教えてください！

A.その1　上塗りで簡単リカバリー

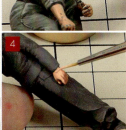
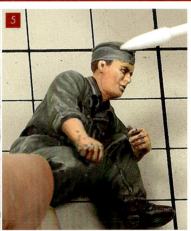

1 まずエナメル系塗料によるはみ出しのリカバリー法を紹介します。ここではみ出してしまったのは肌色です。
2 エナメル塗料は薄め液で拭き取ることができるので、薄め液を少量含ませた綿棒を使ってはみ出した塗料を拭き取ってしまいます。このとき下地がラッカー系塗料やアクリル塗料だと問題なく拭き取れるのですが、エナメル塗料だと下地が溶け出し、はみ出し部ごと下地も拭き取ってしまう恐れがありますので、必要以上に擦り過ぎず、優しく慎重に拭き取っていきましょう。
3 はみ出した塗料を拭き取ったら最後に新しい綿棒を使って乾拭きをし、わずかに残る塗料や薄め液を取り除いて修正完了です。もしこのとき下地が剥がれたりして影響が出た場合は、次に解説するアクリル塗料での修正法と同様に、上塗りによるタッチアップで対応すると良いでしょう。
4 次にアクリル塗料によるはみ出しの対処法です。アクリル塗料の場合は薄め液で拭き取ることがむずかしいので、タッチアップによる修正を行います。
5 隠蔽力の優れたアクリル塗料であれば暗い色の上に明るい色を乗せても透けづらく、発色もしてくれますので数回塗り重ねればOKです。

A.その2　筆先がブレない姿勢と工夫

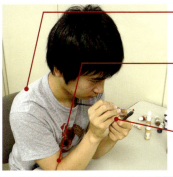

● 脇は力を入れない程度に締めておきましょう。脇を開いてしまうと肘と肘の間隔が開いてしまうので、結果的に手首、手先の触れ幅が大きくなってしまいブレやすくなってしまいます。

● 行儀は悪いですが、肘を付くと手先が格段に安定します。両肘を付く場所も広がりすぎないいちばん安定する間隔を見つけ、長時間の作業なら下にタオルなどを敷くといいでしょう。

● 両手を密着させるとブレを軽減できます。利き手に筆、もう片方にフィギュアを保持しつつも互いの手ができるだけ合わさるように持つことがポイントです。

▲人にもよりますが、10cm前後の高さがある木片や積み上げた本などで微調整するのもいい方法です。とにかく「固定」を意識！

▲ほかにもフィギュアや固定具に筆を持つ手の小指を当てるとブレ軽減に加え、筆とフィギュアの距離感をつかみやすくなります。

Q.2 塗料が剥がれてしまった

スゴくいい感じに仕上がったのに塗幕が剥がれて下地が剥き出しに……どうして？ せっかく上手く塗れたと思ったのに……。修復は不可能ですか？

A.その1　下準備と下地処理はていねいに

レジン製フィギュアは離型剤が表面に残っている可能性が高いので、専用のクリーナーなどで必ず洗浄してからサーフェイサーを吹き付けよう。離型剤が残っているとサーフェイサーごと剥がれてしまう場合もあります。

A.その2　リカバリーは塗料の乾燥を待ちながら繰り返し塗り重ねる

① エナメル塗料を塗っていると下地が溶けて塗膜が剥がれてしまった！ 剥がれてしまったところはそれ以上さわらずに、一旦乾燥を待ちましょう。

② 塗料が乾燥したら、2000番の紙やすりで剥がれた箇所を研磨して塗膜の段差を均しましょう。一見キズを悪化させてるようにも思えますが、塗膜の段差は塗料では埋まらないのでこの作業は仕上がりに大きく影響します。

③ キズの箇所を覆うようにサッと塗料を乗せは乾かしを繰り返してキズを修正していきます。

④ 最後にツヤ消しスプレーでツヤを整えればOK。

Q.3 つや消しを使ったのにツヤが出てしまった

間違いなくつや消し塗料で塗ったのにめっちゃテカテカしてるんですけど？ どうしてですか？ まさか、不良品でしょうか……。

A.その1　塗料をよく撹拌する

塗料に少なからずクリアーの成分が混ざっています。塗料を使う前によく撹拌しないと、このクリアーの部分を多めに拾ってしまうことがあり、つや消し塗料でも結果として光沢が生まれてしまうのです。ということで、ひたすらよく混ぜましょう。

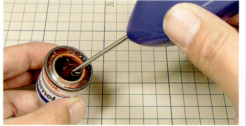

A.その2　つや消しアイテムを使う

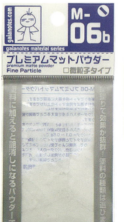

塗料をよく撹拌しても筆塗りで塗装した場合若干のつやが出ることがあります。「つや消し」は塗膜の表面に小さな凹凸を無数に作り、光をさまざまな方向に反射させることでつやを抑えています。しかし、筆塗りを行なった場合、塗膜の表面を筆が撫でることでこの凹凸を均してしまい、光を乱反射させる能力が落ちてしまうのです。対策としてはつや消し剤を添加し、より多くの凹凸を作るか、塗装上からつや消しクリアーを吹くと良いでしょう。

Q.4 モールドが塗料でつぶれてしまう

塗料を塗り重ねていくうちにモールドが塗料でどんどん埋まっていってしまいます。とくに顔なんかはせっかくのイケメンがまるでのっぺらぼう……。

A.その1　薄い塗料の塗り重ねが基本

フィギュアの塗装では塗り重ねはつねに薄くが基本。どんなに隠蔽力が高い塗料でも一度で完璧な発色を得られる塗料はありません。薄い塗料の塗り重ね、これが基本です。
■1 濃度はコレぐらいが基本。
■2 顔はディテールが集中している部分なのでていねいに！

A.その2　エアブラシで下地を作るのも有効

肌色はほかの色と比べて比較的隠蔽力が低い色なので、発色させるのが少しむずかしい色です。また顔は奥まった部分が多く、塗料が溜まってモールドを埋めてしまいやすい形をしています。その対策として有効なのがエアブラシで肌色の下地を吹き、薄い塗膜で発色を確保することです。アクリルやラッカー塗料で下地を作り、エナメル塗料でスミ入れを行なうのがオススメです。

Q.5 シェードを入れると黒くくすんでしまう

戦車模型と同じくフィギュアにウォッシングをしてみたのですが、どうも暗く汚い仕上がりに。もしかして、戦車とフィギュアで仕上げ方って違う？

A.その1　戦車のスミ入れとは違う作業

ウォッシング ✗

○ カラーモジュレーション

フィギュアは基本的には「陰影を付ける」作業であって、「汚し」が目的ではありません。そのため戦車模型で行なっている工程をそのままフィギュアに施してしまっては汚い仕上がりになってしまいます。イメージとしては汚しのウォッシングよりも陰影表現のカラーモジュレーションをイメージしていただくと分かりやすいかと思います。フィギュア塗装は光と影を塗り込む作業なのです。

A.その2　各色に適した影色を

肌色＋赤茶

基本色＋黒紫

肌色はほかの色の影響を受けやすい色で、スミ入れ用の薄い塗料でも選択を間違うと違和感が出ます。肌色に適した影色は肌色＋茶色の混色でスミ入れをすると自然に仕上がります。頬には少量の赤を混ぜると雰囲気が増します。

軍装の影色には基本色＋黒でもいいのですが、青色と極少量の赤色の混色である紫色を少し混ぜるとより影色らしくなります。紫を感じない、隠し味的な量で充分です。

Essential knowledge and skills of creating military model figure. | 11

Q.6 目を上手く描けない

顔の塗装が苦手なのですが、とくに目はむずかしく感じます。目を描き込もうとするとどうしても大きな目のビックリ顔のようになってしまいがちです。それらしく見える方法もあれば教えてください。

A.その1　塗らないほうがリアルに見える

右と左のフィギュアの表情を見比べてみてください。どちらが自然な表情に見えるでしょうか？目は人間が本能的に注目しがちな部分と言われていますが、それだけに不自然な目になっていると強い違和感を感じてしまいます。それならスミ入れ程度の仕上げで終えるほうが俄然自然な印象を与えられるのです。

A.その2　そもそも目を入れるところ、合ってます？

1/35のフィギュアのヘッド、とくにプラスチックキットのフィギュアはよく観察すると目ではなく涙袋が大きくなっている場合があります。大きく目を描きすぎてしまっているフィギュアは目ではなく涙袋の造形に目を描き入れてしまっているケースがほとんどです。そもそも目ではない部分に目を入れようとすると不自然に見えてしまうのは当然。本当の目の部分は細めた線のようなもの。スミ入れだけで充分なのです。

Q.7 髪や肌の色はどんな色で塗れば？

髪や肌の色って人種によって違いますよね？この前フィギュアの金髪を金色で塗ったらすごく違和感を感じてしまいました。肌の色も詳しく知りたいです。

A.その1　金髪だからといって金は塗らない

金髪や茶髪など、黒以外にもさまざまな髪色がありますが、そのままの色を塗ってしまうと違和感が出てしまうものです。参考として、1の茶髪や2の金髪の色を示してみました。まずはこれを参考に塗装してみてください。肌色を混ぜると違和感なく馴染んだ色合いになりますよ。

A.その2　肌で表現する人種

アジア系の黄色人種は肌色にデザートイエローを少し混ぜた色を基本色とすると良いでしょう。もしハイライトを入れる場合は、控えめのハイライトを入れたほうが色味のバランスが崩れることなくそれらしくなります。白人の場合は肌色＋白色の一段階明るい肌色を基本色にします。造形的に見ても彫りが深いので、鼻筋や頬の上などにハイライトを積極的に入れるとらしく仕上がります。また、冬期に活動する兵士は頬や鼻頭にごく薄い赤色を入れることで寒さに赤らむ兵士を再現できます。

Q.8 別々で塗ったパーツの接着法は？

武器や装備品をキレイに塗り分けたかったので塗装をしてからフィギュア本体に取り着けようとしたら上手く接着されません。なぜ？

A.その1　接着面の塗膜を剥がしてから接着

A.その2　真ちゅう線で軸打ちする

首や腕などを胴体パーツを接着する場合、真ちゅう線などで軸を打っておくと接着剤が乾くまでのズレが起こりにくい。乾燥後の強度も保つことが出来る。接着面のできるだけ中心にピンバイスで穴をほり、0.5mm真ちゅう線を差し込んでパーツ同士を接着する。あまり長い軸にしてしまうと、パーツ同士の中心を出すことが難しくなるのでほんの少しお互いのパーツ通しに刺さるぐらいがいいだろう。

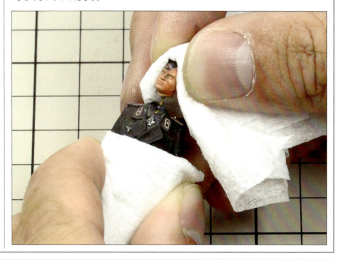

スコップや銃剣、水筒などは工作段階でフィギュアに接着してしまうと作業中に破損しやすく、また塗装（塗り分け）がし難くなる。状況にもよるが、できるだけフィギュア本体とは別々にして塗装すると良いだろう。塗装が完了したパーツを接着する際は接着面の塗膜をしっかりと削ぎ取りプラスチック地を露出させてから接着する。

Q.9 取り返しが付かないほどの失敗……リカバリー法は？

失敗をリカバーしようと思ってあの手この手を付くしましたが、状況は悪化の一途……。もうどうすればいいのかわかりません！ 助けて！

A.リムーバーを使えばOK

①GSIクレオスの「Mr.ペイントリムーバー」などの塗装剥がし液を使って塗装をリセットします。まずは剥がし液を塗料皿に取り出します。②次にフィギュアを浸し、固めの筆を使って撫でると塗料が溶け出してきます。③時折ティッシュなどで濁った剥がし液を拭き取り、溶けていない塗料の位置を確認しながら落としていきます。④剥がし液に色がついてきたらキレイな剥がし液に交換しましょう。⑤工程①〜④を繰り返し塗料を落とします。剥がし液は基本的に素材を侵しにくい成分でできているので、複数回の使用してもフィギュアのモールドを痛めることはありません。

復活!!

Essential knowledge and skills of creating military model figure. | 13

Q.10 素材の質感を出したい

軍装はいろいろな材質のもので構成されていますが、塗装でそれぞれ独特の質感を表現することは可能でしょうか。

A.その1 塗装するものが何か伝える

金属でできているものはひと目見てそれが金属だと分かるように少々大げさ表現してみましょう。塗膜がはがれた表現も金属を感じさせるよい手法です。シルバーの上からシリコーンバリアーを塗り、基本色を塗装します。ナイフで塗膜を剥がしてチッピング。最後にウォッシングで統一感を出します。

A.その2 革製の部分の塗装法

革のベルトはアクリル系塗料のオレンジで塗り、暗めに調色したエナメル系のブラウンでウォシングすると落ち着いた色味になり、使い古された革の質感が出ます。オレンジではなくダークイエローなどの黄色系の色を使って違う種類の革にみせることもできます。

Q.11 場所によってはツヤも必要？

金属部分以外にもツヤが出ていても不自然ではない箇所はどこでしょう。そもそもツヤが出ていてもいいのでしょうか？

A.その1 素材を考慮してツヤを出そう

顔
目や唇などにもツヤを加えると生命感が出せます。ツヤを出し過ぎるとスケール感が損なわれてしまうので注意しましょう。

胴体
弾薬ポーチなどは革製のものが多く見られます。地面からは離れているので埃などはあまり被らないと思うので少し多めにツヤが出ていても違和感はないだろう。

ブーツ
革製のブーツもツヤが出ていてもおかしくない箇所ですが、新品のような輝きは不自然。ズボンや上着のような布製品とは明らかに違う素材という表現をクリアーで表現しつつピグメントなどを埃を上から被せます。

A.その2 筆でツヤを描き込む

ツヤのあるジャケットなどでも全体にツヤが出ているように塗るのではなく、陰影を付けた時のハイライト部分（皺の頂点など）にクリアーを筆塗りして光らせる方法もあります。ハイライトがさらに強調され、質感も豊かになります。

Q.12 階級章などを精密に再現したい

細い筆を使っても階級章などをキレイに塗り分けることができません。また記録写真などからは使われている色なども正確にわかりません。

A.デカールで解決

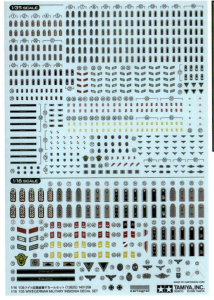

軍隊のユニフォームに階級章はつきものです。しかし1/35となるとやはり小さく、塗り分けもひと筋縄では行きません。しかも各国の軍隊によって階級の表示も違いますし、決まりもあります。これに対処することができるのは塗装法ではなく、ホビーショップなどで手に入る階級章デカールです。基本的な貼り方は車両のマーキングデカールと同じで、水に付けて糊が溶けてきたら台紙から特定の位置に乗せて乾燥させます。もちろんこまかいデカールが多くなるので、ピンセットなどが必需品となります。また平ではない箇所に貼り付ける場合も多く、デカールを柔らかくするマークソフターなどもあると便利です。マークソフターは使いすぎるとデカールが破けやすくなるので使いすぎに注意しましょう。

- ■1/16 1/35ドイツ兵階級章デカールセット
- ●タミヤ　㈱タミヤ
- ■アメリカ陸軍記章デカールセット
- ■WWIIドイツ軍装備品デカールセット
- ■ドイツ軍装備品デカールセットVol.2
- ●Passion Models　㈱M.S Models

Q.13 フィギュアのウェザリングは必要？

フィギュアに汚し塗装は必須なのでしょうか？　もしそうであれば施す必要がある箇所はどの部分でしょうか？

A.シチュエーションによっては部分的に施す

❶上部の指摘箇所は少し見えづらいかもしれないが地面に座った時についたおしり部分の泥汚れ。足元にも泥表現がいいアクセントになる。コートは水分が滲みて色が濃くなった箇所を再現してみるのもいいでしょう。
❷地面に触れるのは足だけではありません。地面に伏せた時などを考えて肘や膝なども汚して見よう。ウェザリング用塗料はエナメル系のものが多いので下地を侵さないよう気をつけます。

Essential knowledge and skills of creating military model figure.

■イギリス軍空挺兵 小型オートバイセット
タミヤ 1/35 インジェクションプラスチックキット
BRITISH PARATROOPERS w/SMALL MOTORCYCLE
TAMIYA 1/35 Injection plastic kit

タミヤ 1/35「イギリス軍空挺兵小型オートバイセット」では自然な風体のイリギス兵の表情や衣服のシワだけでなく、背中に背負うハバーラックや、胸のポーチなど装備品に生じる特有の歪みやシワまでも自然に再現されている。

初級編

まずは難しい工作と塗装のテクニックは必要あり
ません。キットの説明書にある指示に従い塗り分
けるだけでもフィギュアは充分存在感を出してく
れるのです。また特別な工具や塗装マテリアルも
必要はありません。模型店で容易に入手ができる
ニッパーやヤスリと言った工具に模型用塗料だけ
で充分フィギュアの塗装はすることができます。
ポイントになるのは「筆塗り」に馴れることです。
エアブラシを使っても良いのですが、すべての色
をマスキングをして塗装するというには、塗り分
け面が複雑な形状で小面積なフィギュアの塗装に
は向きません。必然的に筆を使う機会が多くなり
ます。まずは筆さばきに馴れていきましょう。塗
料の性質を把握しておくこともポイントのひとつ
です。それらを理解しておけば次のステップに進
みやすくもなり上達への近道ともなるのです。

フィギュアの基本工作その1

フィギュアは塗装にばかり気を取られがちですが、仕上がりを考えると、やっぱりしっかりと組み立てられた方が良いに決まってるのです。そこで基本的な工作からディテールアップまで、フィギュア工作をじっくりと解説していきます。

製作・文／斎藤仁孝
Modeled and described by Yoshitaka Saito

今回使用したタミヤのキット「ドイツ歩兵セット（フランス戦線）」はすべての将兵にYストラップが行き渡らなかった状態を再現。ストラップを付けた兵士2体とストラップのない3体の計5体セット。左写真はストラップ使用時を再現しているが、ストラップのないものを解説していく。

■ドイツ歩兵セット（フランス戦線）
タミヤ 1/35 インジェクションプラスチックキット
GERMAN INFANTRY SET (FRENCH CAMPAIGN)
TAMIYA 1/35 Injection plastic kit

仕上がりを決めるパーティングライン処理

▲パーツをランナーから切り出したら、「パーティングライン」を消していく。まずはデザインナイフをパーティングラインに対して刃先を当て、そのまま刃先をスライドさせて削る、いわゆる「カンナ掛け」を行ない大まかに取っていく。

▲シワの奥まった部分などは無理にカンナ掛けしようとせずにデザインナイフの刃先を使い切り離すように処理する。

▲失敗例。カンナ掛けはやり過ぎると削った部分が平になってしまう。パーティングラインだけ削るように注意しよう。

▲カンナ掛けで大まかに落としたら400番の紙ヤスリを使って完全にパーティングラインを落とす。

▲スポンジヤスリを使い全体をヤスリ掛けする。紙ヤスリの削り跡も消え、パーツ表面の不要なこまかい凹凸も取ることができる。

▲一連の作業によって筋など消えかかっていれば彫り直しておこう。

▲処理したパーツ（写真右）と無加工状態のパーツ。表面が均されているのがポイント。

▲形状が複雑な部分のときは資料参考に必要なモールドを落とさないよう注意しよう。

接着剤は「付け過ぎる」がポイント

▲下半身のパーツを組み合わせたところ、接着部分に若干隙間ができたので処理していく。パテや瞬間接着剤で埋める手法もあるが、スチロール接着剤（プラスチックモデル用トロトロタイプ）を使い溝を消していこう。

▲まず接着剤を多めに付ける。

▲接着剤を付けすぎたことと、力を入れ摘んだことではみ出してきた接着剤に、流し込み接着剤を使って表面をならして完了。

▲接着には溝埋めを兼ねて瞬間接着剤を使う場合もあるが、プラスチック部分と「固さ」が異なるため、後々削りにくく（加工しにくく）なることもある。

18　Essential knowledge and skills of creating military model figure.

装備品は浮かせないのがポイント

▲胴体パーツを付けたら装備品を付けていこう。

▲マガジンポーチを付けたら一部干渉して浮いてしまった。

▲干渉していたガスマスクケースのストラップを削って処理した。

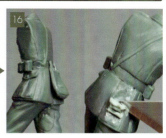
▲装備品の中でもとくに雑嚢は体にそわずに浮いていると目立ちやすいパーツだ。仮り組をして干渉している部分をしっかり見極めてから、干渉している部分を削っておこう。このとき胴体パーツだけを削って対処しようとしないこと。かえって不自然になる。

▲最終調整は雑嚢パーツを削って胴体に密着するようにするとよい。

▲しっかりと胴体に密着させることができた。21ページ(17)の写真と見比べると違いは一目瞭然で「プラモデル臭さ」が違っている。

▲次に雑嚢と同じ要領でスコップのパーツを組み付ける。装備品を付ける作業では、まず一式パーツを用意しておき、仮組してそれぞれの位置関係を確認しておくと「雑嚢が邪魔で付かない！」ということを防ぐことができる。

▲水筒もしっかりと雑嚢パーツに密着させられるよう、接着前に加工しておこう。

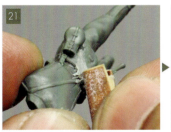
▲装備品の最後にガスマスクケースを付ける。なるべくパーツの形状に近く削ることがキレイにパーツを密着させるポイント。

▲装備品の組み付け完了。

頭と腕を接着して完成させる

▲腕は片方ずつ接着してもそれほど問題ではないが、両手(両腕)でものを持っている場合、また両手で掴んでいる場合は両腕を同時に(先に付けたパーツの接着剤が硬化するまえに)接着。ものを持たせて位置を調整すると位置が決めやすくなる。

▲頭を接着して完成……と思ったが、キットのパーツは首が少し短いようで、首をすくめているようにみえてしまう。余談だが、このキットのヘルメットは大きさ、形状ともにすばらしい出来で、このパーツだけでもほしくなるほどだった。何気なくモールドされたバンドも最高!

▲そこで頭のパーツの首の部分にランナーのタグ部分を接着。接着剤の硬化後削って長さを調整して接着した。

▲基本工作をていねいにすること、装備品をしっかり密着させることに重点を置いた作業はこれで完了。

Essential knowledge and skills of creating military model figure. 19

フィギュアの基本工作その2
シワなどモールドのメリハリ

フィギュアの基本工作その1で行なった作業に加え、キットを製造する都合でなくなってしまったディテールの追加作業、キットのモールドを補足する作業の解説が中心となりますが、初級編と言うには多少スキルが必要となります。削り込むのとは違い、あるはずのものがなく、それを足していく作業はみるみる良くなっていくので楽しい作業です。また、ここからはキットとは別に用意する材料やパーツ、若干特殊な工具も多少登場します。それらの使い方もぜひ参考にしてください。

製作・文／斎藤仁孝
Modeled and described by Yoshitaka Saito

裾や襟を彫り込んでモールドをシャープにする

▲初級で紹介した作業、基本工作を完了した状態のパーツ。裾が埋まっているので彫り込んでいこう。

▲作業ではハセガワの「トライツール モデリング チゼル3（模型用ノミ 三角細）」「モデリング チゼル2（模型用ノミ 丸細）」を使用した。

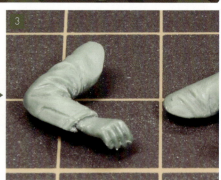
▲袖口を掘り終えた状態。

▲袖口以外にも上着とズボンの間も彫り込んでモールドを追加。ノミは常に刃先を鋭く、良く切れる状態を維持するように心がけよう。トライツールのノミには砥石も付属している。

▲襟もモールドが埋まりやすくダルくなりやすい部分だ。言い換えれば彫り込むことでシャッキリとした印象とすることもできる。

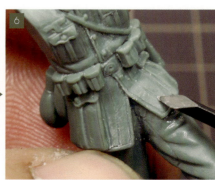
▲三角細ノミは先端を使うことで、筋彫りをすることもできる。

Essential knowledge and skills of creating military model figure.

スリングなど「あるべき物」を追加する

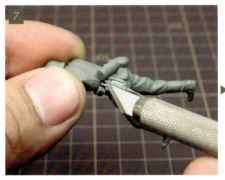

▲フィギュアでは先ほどの袖口などと装備品周りがポイントとなる。作業は、都合で太くなっている部分、立体感に乏しい部分のモールドを削り落とす。写真はスコップの留め部分を削っている様子。

▲ガスマスクケースのスリングは、マガジンポーチ取り付けで干渉したためと、胴体と一体成型になっていたので端を削り落としあえて段差にしておく。

▲削り落としたスリングはプラ材で再現した。使用した材料はイエローサブマリンのプラ材「0.14mm厚プラストライプ 0.5mm幅」

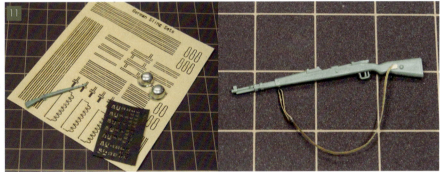

▲プラストライプを使い、ベルトとガスマスクをつなぐ部分の短いスリング、雑嚢のフック(ベルトに引っ掛ける金具)など、再現されていなかったこまかいディテールを追加した。グッと精密感が高まってきた。

▲ライフルのスリングも再現した。使用したのは『紙創り』の「ドイツ軍スリングセット」を使用した。紙製で薄く、曲げやすいのでとても扱いやすく、スリングをリアルに再現できるスグレモノだ!

ツールを上手に利用するべし

接着剤はパーツ同士を接着するためのものですが、ヤスリ掛けをしたパーツの表面にスッと軽く塗ることでささくれていた切削痕を滑らかにすることにも使えます。また一口にデザインナイフといっても刃先の種類はさまざま。なかでもエグザクトの丸刃は使いやすいですよ!

A B エグザクトのデザインナイフ(丸刃)。シワのモールドに対して追従性も高くとても作業しやすい。
C GSIクレオスのMr.セメントS

Essential knowledge and skills of creating military model figure.　21

フィギュアの基本工作その3
ポーズとボリュームの変更

フィギュアの基本工作その3は、既存の頭部と置き換えることだけでフィギュアを個性的な表情にすることができるレジンキャスト製ヘッドパーツの使い方と、パテを使って各部のボリュームの調整とモールドを好みの状態に変更するための入門的な加工作業を紹介。レジンキャスト製ヘッドーパーツは、サードパーティから発売されるいわゆるアフターパーツなので、好みの頭部を選ぶことができるのです。

製作・文／斎藤仁孝
Modeled and described by Yoshitaka Saito

▶今回使用したのはレジン製スペアーヘッドパーツの定番として君臨してきたホーネット製。ドイツ軍だけでも表情やヘッドギヤの種類など豊富なバリエーションが用意されているのもうれしい。

ヘッドパーツを変更して表情を変える

▲胴体パーツに穴をあける。穴の深さは製作するキット、使用するヘッドパーツによってまちまちなので一律にはできないが、平均すると3〜5mm程度。道具はドリルを使用するが、いきなり太いものは使わず1mmぐらいのものから徐々に広げていくと失敗を少なくすることができる。

▲穴があいたらヘッドパーツを差し込む。まだこの段階では接着剤はつけていない。

▲ヘッドパーツの位置決めをする。ポイントはフィギュアを立たせたときに、左右の目が水平になるようにすると落ち着きやすい。

▲位置が決まったら瞬間接着剤で固定する。今回のフィギュアは襟がしまっている。このような場合は塗装後に接着するのもよいだろう。

パテを使いボリュームのバランスをとる

▲中級編までの工作で、若干ではあるが足のボリュームが足りない気がした。そのためか全身が華奢な印象だった。そこでエポキシパテを使いボリュームを変更してみることにした。

▲また、シワの具合もノミやデザインナイフを使い削り込むことで好みの形状（自分の癖も考慮して塗りやすさを考慮した形状）にしたが、削る方法では「マイナス方向」の加工は可能だが足していく「プラス方向」の加工が必要な場合はやはりパテを使った方法がベストだろう。

▲こまかいシワを足す程度ならパーツにそのままパテを盛っていけばよいが、ボリュームの変更、大幅なシワの変更となると、削ってしまった方が後々作業しやすい。削る場合のポイントは加工する部分の面積よりも広めに削ることだ。その方がパテを盛った部分とプラスチックパーツのままの部分をつなぎやすくなる。

▲使用したエポキシパテはタミヤの「エポキシ造形パテ(速硬化タイプ)」がおすすめだ。適度な粘着力で盛りつけやすく、硬化後の切削性に優れている。

▲エポキシパテを盛りつけたら、モールドをつけていく。爪楊枝を使い整形した。爪楊枝はパテがこびり付き難く作業しやすい。参考資料は実物の資料写真もよいが、レジン製のフィギュアを参考にするのもよい。

▲パテが硬化したら、スポンジヤスリで境目をならす。

▲溶きパテを塗り、乾燥後ふたたびスポンジヤスリをかける。

▲縫い目など三角ノミを使いモールドを入れて完成だ

レジンフィギュアキット3つの注意点

プラモデルとは違い、成型時に型の制約を受けることも少ないため、ディテールとモールド共にすばらしい仕上がりのレジン製フィギュアキット。製作ではプラスチック製キットと若干違う注意点が3つありますので紹介しておきましょう。

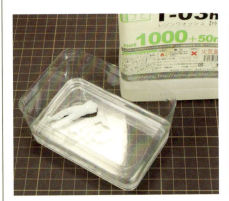
▲その1 かならず洗う
レジンパーツは履型剤など塗料を弾く液体が塗られていることが多い。かならず専用の洗浄液などで洗うようにしよう。

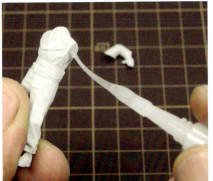
▲その2 接着は瞬着
スチロール系接着剤では接着できない。接着には瞬間接着剤を使う。レジンパーツと瞬間接着剤の相性は抜群。良すぎて本当に瞬間で付くので歪んで接着しないように注意しよう。

▲その3 塗装下地を作る
塗装前には食いつきのよい専用プライマー成分が含まれた下地剤を吹いておかないと、塗膜がはがれる場合もある。

Essential knowledge and skills of creating military model figure.

フィギュアを塗装してみよう

まずは難しいテクニックは使わないベーシックな塗装方法から紹介します。まだフィギュアを塗装したことのない方は参考にしてください。

製作・文／織須川 聖
Modeled and described by Hijiri Orisugawa

　本誌に掲載されているような作品に登場するフィギュアはどれも超絶に塗装されたものが多く、それを見て尻込みしてしまうのもムリがないかもしれません。ですが、どのモデラーも大半ははじめから上手だった訳ではありません。順を追って、また回数を重ね鍛錬してきた方が大半です。つまり大切なのは一歩踏み出すこと。といっても踏み出し方がわからない。そんな方のために作業を分解して行程ひとつ紹介していきます。まずはベーシック編から解説していきましょう。

■ドイツ野戦指揮官セット
タミヤ 1/35 インジェクションプラスチックキット
■ドイツ兵階級章デカールセット
タミヤ 1/16 1/35 デカールセット
GERMAN FIELD COMMANDER SET
TAMIYA 1/35 Injection plastic kit
WWII GERMAN MILITARY INSIGNIA
TAMIYA 1/16 1/35 DECAL SET

STEP 1　組み立てと下地作り

▲腕や胴体、装備品などパーツをひととおり整形をして仮り組みした状態。この段階では接着もクリアーボンドを使い仮り留めとしている。

▲腕と装備をばらして塗装を行なう。まずは上着の色をエアブラシを使い塗装する。全体に色が付いてもこの段階ではかまわない。

▲上着の塗装が完了したら、よく換装させてから上着の部分だけをマスキングをする。

▲胴体部分と別々にしていた腕も同様に上着の塗装後マスキング。次に肌色をやはりエアブラシを使用して塗装していく。

▲胴体も頭の部分に肌色を吹く。次にズボンの部分を塗装する。この方法ならイヤな筆目も着かず、下塗りとしては適している。

STEP 1で使用した塗料

●肌色の部分はMr.カラー51　薄茶色、上着はMr.カラー52 フィールドグレー（2）。ズボンはガンダムカラー09 MSグレージオン系。ガンダムカラーは半ツヤの塗料なので、服に使う場合はフラットベースを調子を見ながら追加してツヤ消しにするとよいだろう。

STEP 2　立体感を演出しよう

▲希釈したエナメル塗料を肌の部分に塗っていく。エナメル塗料を使い調色した肌の陰となる色を作り専用の溶剤で希釈する。希釈の具合はちょうどスミ入れよりも若干濃いめぐらいがよいだろう。

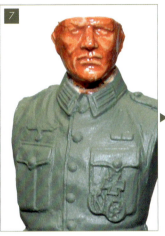
▲エナメル塗料を塗り終えた状態。窪んだ部分に塗料が落ち込んでいるのがわかる。

▲綿棒にエナメル溶剤を含ませて出っ張った部分を中心に余分な塗料を落としていく。

▲ひととおり余分を落とし終わり、窪んだ部分にだけ陰色が残った状態。

▲服にも顔と同じ要領で陰色を入れていく。使用した色はタミヤエナメルのXF1フラットブラックとXF64レッドブラウンを同量混ぜた色。

▲さらに顔の立体感を出すため、鼻や額を中心にハイライト色でドライブラシをする。XF15フラットフレッシュとＸＦ１フラットホワイトを同量混ぜた色を使っている。

肌の塗装で使用した塗料

タミヤエナメル塗料のXF15フラットフレッシュをベースに、XF7フラットレッド、X26クリヤーオレンジなどを混ぜて「肌の陰色」を作る。陰色の目安は掌の皺など皮膚の薄いところの色や、生の牛肉の赤身などを参考にする。濃い目に作ってスペアボトルなどにストックしておくと便利。

STEP 3　階級章など細部の塗り分け

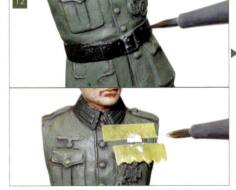
▲襟、ベルトなどはエナメル塗料の筆塗り。襟はXF11暗緑色、ベルトはX18セミグロスブラック＋XF7フラットレッド。バックルはX11クロームシルバーを使用した。作業のミソは良い筆を使用すること。今回はタミヤのモデリングブラシPRO No.00を使用している。パッケージには描いてないがこの将校、左胸に略章をつけている。上下だけマスキングして面相筆でそれっぽい縞を描いた。

▲別売りのデカールセットで勲章や階級章を貼る。階級は大尉とした。貼るだけで精密な徽章を再現できる。ボタンはXF16フラットアルミを使用。

▲MP40は極めて黒に近いグレーで塗っておいて、クロームシルバーでドライブラシをして仕上げる。

▶完成した状態。靴はXF1フラットブラック＋XF2フラットホワイト。フラットブラックで塗装する指示になっているが、純粋なブラックではキレイすぎて雰囲気がでない。混色することで質感が出る。

Essential knowledge and skills of creating military model figure.　25

シェード&ハイライトで陰影を強調する

ベーシックな塗装方法を紹介したところでもう一歩フィギュアならではの塗装方法を紹介していきましょう。使用する塗料はモデラーによってさまざまですが、やっていることは「シェードとハイライト」の塗り分けです。スタンダートとも言える表現手法を作業の順を追って解説します。

製作・文／上原直之
Modeled and described by Naoyuki Uehara

■ドイツ歩兵 M36ユニフォーム(フランス1940／ロシア1941)
ヨッシー 1/35 レジンキャストキット
German Infantry M36 Uniform (France 1940/Russia 1941)
yosci 1/35 Resincast kit

フィギュアのポイント　肌色の陰影

▲プラ棒に真ちゅう線を差しておき、そこにヘッドを固定して持ち手にする。胴体に接着したまま顔を塗装するより数段塗りやすい(ただしヘッドの位置決めが明確でないプラスチックキットのフィギュアだと別々に塗装するのは難しい)。持ち手にフィギュアのヘッドを固定したらまずは基本色の肌色を塗装していく。使用したのはタミヤエナメル塗料のフラットフレッシュ+フラットベースを混色した物で塗装している。肌色はなかなか色が乗りにくいので何回かに分けて塗り重ねると良い。

▲肌色を塗装し終えたら目を書き入れていく。ヘッドの塗装でいちばん難しいのが目を入れる作業だ。まず白目をフラットホワイトを使用して書き入れていく。もしはみ出したらフラットフレッシュを使用してタッチアップをする。

▲白目を描き終えたら青い目を入れていく。フラットブルー+フラットホワイトを混色したもので塗装する。ここもはみ出したり失敗したら今度はフラットホワイトでタッチアップを行なう。

▲まぶたの奥まった部分にフラットブラウンを使用してアイラインを入れていく。この作業を行なうと顔(目元)が引き締まる。

▲顔のシェードを入れていく。まずフラットフレッシュにフラットレッド、フラットブラウン、フラットイエロー、フラットブルーなどを混色した色で陰の部分を書き込んでいく。一度に暗い色を書き入れるのではなく、徐々に暗く段階をわけて調色しながら塗っていくのがコツ。

▲ハイライトを入れていく。フラットフレッシュにフラットホワイトを混色した色でハイライトを書き込む。書き込んだハイライトをエナメル溶剤を含ませた面相筆でなぞってぼかしていく。この作業を何度か繰り返し行なう。ぼかす時に筆に含ませる溶剤の量を調整するのがうまくぼかすコツだ。溶剤を含ませすぎるとすべてが混ざって汚くなり、溶剤を含ませる量が足りないとぼかすことができない。

▲希釈したエナメル塗料を肌の部分に塗っていく。エナメル塗料を使い調色した肌の陰となる色を作り専用の溶剤で希釈する。希釈の具合はちょうどスミ入れよりも若干濃いぐらいがよいだろう。

▲フィギュアの塗装は紙パレットで行なっている。色を混ぜやすいのでオススメのツールだ。写真左上はしが肌色の塗装で使用した部分。色合いの参考にしてほしい。

装備品にも陰影を

▲フィギュアの塗装で重要なのが装備品の塗り分けだ。服や顔と同様に装備品にも手間をかける仕上がりが見違えてよくなる。雑嚢はタミヤエナメル塗料のカーキで全体を塗装している。そしてカーキにフラットブラックを混色した影色を塗装する。

▲次にカーキにフラットホワイトを混色した色でハイライトを入れていく。基本的に装備品の塗装も服と同様の手順で塗装する。ハイライトも一回で色を入れていくのではなくて徐々に明るくしていくとよいだろう。

▲溶剤を含ませた綺麗な面相筆でぼかしていき馴染ませる。

細部塗装にもこだわる

▲もっとも暗い色を書き込んでいく。写真ではズボンとブーツの境が最も暗い個所なのでこの部分にほとんど黒に近いグレーを書き込んでいる。はみ出すと修正が大変なのでここは慎重に作業しよう。

▲最後に金属部分をクロームシルバーを使用して塗装している。ここもはみ出すと修正が困難なので最後に失敗しないように細心の注意を払いながら塗装する。

▲銃の塗装はまず木製部分にはMr.カラーのサンディブラウンを塗装する。銃身などはMr.メタルカラーのダークアイアンで塗装。最後に油彩のバーントアンバーを使用して銃の木目を書き込んでいけば完成。

完成！

大戦中のドイツ軍の歩兵はかなり装備品がゴチャゴチャしていて塗装するのは大変だが、しっかりと塗り分け、また質感を考えながら塗装すれば非常によいものに仕上がる。
フィギュアでいちばん大切なのは大雑把な塗り分けより細部の塗装。シェードとハイライトを入れた後さらにそこからディテールを書き込んでいき、いかに情報量を多くするかが重要だと感じる。

アクリルとエナメルを併用してフィギュアを塗装する

模型店などで入手しやすい塗料の代表格、タミヤのアクリル系塗料とエナメル系塗料を使ってフィギュアを塗装する方法を解説します。ここでのポイントは、「塗料の性質に頼って簡単に、しかも見栄えよく」です。コツは塗り分けをていねいに行なうことで、塗り分けさえしっかりできていれば、それだけで見栄えのよいフィギュアに仕上がります。

製作・文／斎藤仁孝
Modeled and described by Yoshitaka Saito

■ドイツ Ⅲ号戦車 L型
タミヤ 1/35
インジェクションプラスチックキット
GERMAN Pz. Kpfw. III Ausf. L
TAMIYA 1/35 Injection plastic kit

▲使用した塗料はタミヤのアクリル塗料とエナメル塗料。アクリル塗料を下地にして、エナメル塗料を上から塗り重ねても下地が溶け出さないことを利用してアクセントを付けていく。

▲塗装はなるべく明るい色からはじめる。今回は肌の色から塗りはじめた。塗料はタミヤアクリルのフレッシュをエアブラシできるぐらいの濃度に希釈して使用する。

▲1回目の塗装が完了した状態。一度で塗ってしまおうとすると塗料濃度が高くなり、濃い塗料が目の周りや耳など窪んだところに塗料が溜まった際にモールドを埋めてしまう危険がある。

▲乾燥を繰り返し、5回目の塗装が完了した状態。薄く希釈した塗料を使用しているので筆目を少なく塗ることができ、またモールドも埋まっていない。この作業はエアブラシを使うのもよい。

▲肌の部分が塗り終わったら次に服装を塗っていく。使用したのはタミヤアクリルのジャーマングレイ。肌のときとは違い、服は多少筆目が残っても気にならないので塗料は希釈せず塗っている。

▲ドイツ軍独特の黒いパンツァージャケットは、その名のとおり黒を塗ると、それ以上暗い色がないので影色が入れにくい。ベースカラーは影色を意識して決めるのが正しい決め方となる。

▲革製のベルトを塗り分けておこう。使用した塗料はタミヤアクリルのレッドブラウン。ジャーマングレイ同様に希釈せずはみ出しに注意しながら塗り分けよう。

▲アクリル塗料を使った塗り分けが完了したら、エナメル塗料を使ってアクセントをつけていく。まずはウォッシング程度に希釈したタミヤエナメルのレッドブラウンを肌部に塗っていく。

▲エナメル塗料が乾燥したら、エナメル薄め液を含ませた綿棒を使い、出っ張ったところの塗料を拭き取る。窪んだ部分に先ほどの塗料が残るように拭き取るのがポイントだ。

▲綿棒で拭き取るとところどころ滲みができる。エナメル薄め液を含ませた筆で滲んだ部分を撫でて、キレイにしておこう。筆はこまめに洗い、常にキレイな状態にしておくと汚らしくならない。

▲肌のウオッシングで使ったエナメル塗料のレッドブラウンを使い髪の毛を描き分けた。黒髪は生え際の塗り分けが不自然になりやすく難しいので茶系を使おう。タミヤエナメルのフラットアースもオススメの髪の毛色だ。

▲肌部分の陰影を付け終えたら服にも陰影を付けていこう。使ったのはタミヤエナメルのフラットブラックだ。肌部同様、薄め液をウオッシング程度に加えて希釈した塗料を使用する。

▲ひととおりフラットブラックでウオッシングを済ませた状態。黒を塗ったとはいえ、薄く希釈しているのでモールドの凹凸に合わせてうっすらと、下地のジャーマングレイが出て自然に濃淡が生まれる。

▲さらに薄め液を含ませた綿棒で、とくに出っ張った部分の塗料を拭き取っていく。今回は黒いパンツァージャケットなので、黒を残し気味で拭き取っているが、ほかの色ならもう少し拭き取る。

▲肌や服装の主な部分が塗り上がったら、ツヤ消しクリアーでツヤを整える。その後、シャツに襟を塗り分けた。クリアーで保護されているので多少塗料が付いても拭き取ることができるが、それでも塗り分けは慎重に行なう。

▲襟章や肩章を塗り分けていこう。中でもアクセントになる戦車兵の兵科色であるピンクのパイピングを入れるコツを紹介しよう。まずはピンク色を入れるが外側へのはみ出しはあまり気にせず、縁取りを描いていく。

▲ひととおりピンク色のパイピングを書き入れた状態。ご覧のとおり周囲ははみ出しだらけだ。注目して欲しいのは、囲まれた内側はキッチリとした長方形になっていることだ。

▲はみ出したピンクをフラットブラックを使い修正していく。なるべくなら作業は1度で決まった方がキレイに仕上がるので、この修正作業は慎重に行なうとよいだろう。

▲最後に金属色の部分を塗り分ける。襟章のドクロのモノグラムは金属製だが、ギラッとさせる必要はあまりないので、ライトグレーを作り、面相筆の筆先でチョンと入れておいた。これで完了。

クリアーで保護をすれば失敗知らず

今回紹介しているアクリル塗料で下地を塗り、陰影をエナメル塗料のウオッシングで再現する方法は、ツヤ消し塗料を使っていますが、ツヤがコントロールしにくいと言う難点があります。そこでツヤを整えるためにツヤ消しクリアーを使いますが、使うタイミングによってその後の作業で「失敗してもリカバリーできる幅」が変わります。つまり肌、服とひと工程ずつ吹けば肌部に黒が流れても拭き取りは容易になるのです……が、クリアーはあまり何回も吹くと厚塗りになります。吹く回数を少なくしたいなら肌と吹くの陰影まで終えたタイミングが最適です。

Essential knowledge and skills of creating military model figure. 29

陰影を付けてフィギュアをステップアップしよう

今回はさらに陰影を強調してより立体感があり、より人間らしい存在感の高い仕上がりへとステップアップするためのテクニックを紹介していきたいと思います。作業のポイントはズバリ急がないことです。慌てずよく確認しながら、一カ所ずつ、一色ずつていねいに作業していけば、すぐに慣れることができると思います。後は悩むよりとりあえず真似てみることでしょうか？　色使いや陰影の入れ方など気に入った作品のフィギュアを参考にすることです。

製作・文／斎藤仁孝
Modeled and described by Yoshitaka Saito

▲肌は陰影と血液の赤味を加えていく作業がメインとなります。ポイントは影部分が汚くならない色使いと、塗料の希釈具合い塗り重ねの順番です。

▲まずはベース色となる肌色を塗っていく。塗装にはエアブラシを使用。筆を使っても良いが、筆目が残らないように注意しよう。使用した塗料はタミヤエナメルのフラットフレッシュ。

▲基本色以降作業のキモとなる塗料の薄め具合いを紹介しておこう。塗ったそばから色が付くような状態では塗料が濃すぎる。下の色が透ける程度、スミ入れよりも若干濃いぐらいの濃度で行なう。

▲陰影を入れていくまえに赤味を付けておく。ほお骨や鼻の頭など光が当たりやすい部分には塗らないようにした。使用した色はフラットフレッシュに少量のフラットレッドを加えた色。

▲シェードの第1段階として、フラットフレッシュに少量のフラットレッドとフラットブラウンを加えた色を塗っていく。先ほどの赤味入れで塗った部分を残しながら塗る。

▲シェードの第2段階はフラットブラウンを使い行なった。ベース色、赤味、第1段階のシェードと塗る面積を少しずつ減らしていくのがポイント。フラットブラウンは極小面積になる。

▲シェードが完了したら、ベース色で使用したフラットフレッシュを使い、ハイライトの下地を作っていこう。顔の凹凸で高いところ、光が当たりやすい部分をピンポイントに塗っていく。

▲最後にフラットフレッシュにフラットホワイトを1:1で混ぜた色でハイライトを塗っていこう。塗るのは極少量でアクセント程度。色の境目は専用の薄め液を含ませた筆でなぞり馴染ませる。

▲唇に赤味を加える。あまり赤を強くしすぎると、女性のようになってしまうので注意。色は第1段階のシェード色にフラットフレッシュ、フラットレッドの比率を多くした色を使った。

▲目を入れる。今回はモールドを考慮した結果スミ入れの要領でスッと焦げ茶色を流して完了とした。また、口も同様に塗っておいた。

▲最後に眉毛を描いて顔の塗り分けは完了。肌の部分が完了しているので、失敗すると精神的には結構ダメージが……。作業は慎重に行なおう。眉毛は髪の毛の色と同じ色を使う。

▲手も塗っていこう。使用した塗料や色、重ね塗りする順番などはすべて顔で行なったことと同じ。面倒ならグレーなどに塗って、手袋をしている状態にしても良いだろう。

▲ベース色を塗る。使用した塗料は肌同様にタミヤエナメル。ジャーマングレーに少量のフラットホワイトを加えて作ったグレーを全体に塗った。仕上げた肌部に塗料がつかないように注意。

▲第1段階のシェードとしてジャーマングレーを使い、服のシワにある凹凸のモールドの凹部になぞり塗っていく。塗料の希釈具合は肌の際に行なったのと同じ濃度にする。

▲ベース色とシェード色との境目をエナメルうすめ液を含ませた筆で軽くなぞりぼかしていく。ブレンディングではないので、ベース色の塗膜が溶け出す手前で留めておくのがポイントだ。

▲ジャーマングレーにフラットブラックを少量加えた色で、第2段階のシェードを塗っていく。第1段階で塗った部分より塗る面積を少なくなるように塗っていく。

▲凸部にハイライトを入れていく。使用した色はジャーマングレーにフラットホワイトを加えて作ったグレー。ハイライトは多く入れすぎると黒いジャケットに見えなくなるので控えめに。

▲次にフラットブラックを使い、縫い目やシワのもっとも窪んでいる部分にアクセントとして塗ってく。途中若干ぼやけた印象にもなっていたが、この作業で引き締めることができる。

▲最後にハイライトで使った色で縫い目を強調しておくと、精密な塗装がされた作品然としてアクセントになる。

▲野戦帽はフィールドグレーにした。シェード部にはカーキを加えた色を使った。ハイライトはフラットホワイトを少量加えて作った色を使用している。

▲服の陰影塗装が完了したら、ベルトや襟章など細部を塗り分ける。ていねいに塗り分ければOKだ。ステップアップのポイントは革製品。オレンジを使いアクセントを加えるとらしく仕上がる。

Essential knowledge and skills of creating military model figure.

完成!

陰影を入れる場所が わからない!?

陰影を付ける方法を紹介しますと言っても、フィギュアによってシワのモールドも異なるのであくまでも一例にしかなりません。そこで、どのフィギュアでも陰影を付ける場所がわかりやすくなるテクニックを紹介しておきましょう。用意する道具はペンライトなど、拡散せず光量の強いライトと暗くした部屋です。あとは日光の高さを想定してフィギュアにライトを当てるだけでシェードの場所が浮き出します。

▲ライトを当てて陰影を確認している様子。作業中も悩んだらライトを当てれば確認できる。この状態を写真で残しておき、その映像を見ながら作業するのも良いだろう。

無いと違和感を感じるので、もちろん入れた方が良いのですが、作業の順番上失敗ができない精密塗装が眉毛でしょう。ここでは失敗を少なくするために、描く位置など眉毛塗装の一例を詳しく解説していきたいと思います。
1眉毛のスタートは眉間の横、この位置からはじめる。笑顔や苦悶した表情ではもう少しおでこ側の高い位置から下に引くこともあるが、とりあえずスタンダードな眉毛はここからはじめると良い。**2**フィギュアにもよるが瞳を過ぎたあたりまで斜め上に線を引いていく。**3**最後に目尻あたりからクッと下げ「への時」になれば完了。眉毛は真っ直ぐ描くと勇ましくなるが、一歩間違えると"ヤンチャ"な感じになるので、目尻あたりで軽さがっていた方が無難に描ける。

ヒトらしく見せるポイント「眉」と「髭」

◀戦場で戦闘が長続きすれば当然髭を剃る暇すらなくなるのが兵士というものです。フィギュアでも戦場の臨場感を少し増幅させるにはもってこいなのです。使用した色はフラットフレッシュに少量のジャーマングレーにフラットブラウンを加えて作った色です。あまり極端に濃い色を使うと「オネエ」ぽくなるので注意してください。

オイルブラッシャー 4本で仕上げる肌の陰影塗装

多すぎる色数や調色の難しさを理由に、油彩の使用を見送っているモデラーさんも多いでは？ そこでオススメしたいのが、オイルブラッシャー。4色もあれば手軽にフィギュアの肌が塗装できちゃう代物なんです！

製作・文／斎藤仁孝
Modeled and described by Yoshitaka Saito

▶オイルブラッシャーには21種のラインナップがあり、フィギュアの肌用に調色されたものもある。今回使用した塗料はこの4本。上からレッド、レッドプライマー、ライトフレッシュ、ベーシックフレッシュの4本のみだ。

オイルブラッシャーとは？

その見た目からわかるように、従来のチューブ容器とは一線を画すペン型の容器に入れられている。キャップの先には筆がついているので、筆などの道具なしでも手軽に使用できるメリットがある。値段もお手ごろ。
●アモバイミグヒメネス　㈱ビーバーコーポレーション

1 ▲オイルブラッシャーのほかに、綿棒やガイアノーツのフィニッシュマスター、面相筆を用意。オイルフィニッシャーは容器から出した直後は粘度が低く、ぼかしにくいのでダンボールに一旦置いて油分を飛ばしてから再度筆に取って使う。

2 シェード
▲下地にラッカー塗料の肌色を塗装し、オイルブラッシャーのレッドプライマーを顔の凹みに塗り込む。この工程では、おおまかに塗るだけでOK。

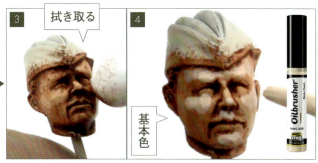

3 拭き取る
▲綿棒やフィニッシュマスターで塗料を拭き取り、凹部にだけ残す。逆に、凸部（額、ほお、鼻頭、アゴ）にベーシックフレッシュをチョン、と置く。

4 基本色

5 境目をぼかす
▲先ほど塗ったベーシックフレッシュを少し乾かし、境目を乾いた筆でやさしく叩くようにして輪郭をぼかしていく。筆先が汚れたら、その都度筆先を拭ってキレイに保ちながら作業するとうまくいく。

6 ハイライト
▲ハイライトをライトフレッシュで再現する。ポイントは、先ほど塗ったベーシックフレッシュよりも面積を少なくすること。塗料を置いたら同じようにキレイな筆で輪郭をぼかして馴染ませる。

7 頬の赤み
▲仕上げとして、頬の赤みを加える。レッドを頬に置いてぼかしていく。塗料の量は画像のように点付けぐらいにしておかないと不自然に赤くなるので注意。寒いシチュエーションだと鼻頭に塗ってもいい。

完成!!

手も同様の工程で塗り進めていった。フィギュアの肌、とくに顔はディテールがこまかく、色の選択や塗り分けはむずかしく感じる方もいるかもしれない。そんな方にこそこのオイルブラッシャーをオススメしたい。フィギュアの凹凸を利用して拭き取ったり塗料を置いたりするだけの簡単な工程なので、顔の塗装に悩んでいるならぜひ試してもらいたい。

エナメル塗料による
フィギュア塗装法

ここではエナメル塗料を使って重ね塗りをする、フィギュア塗装のなかでも「ベーシック」な塗装法の作業手順を、実際の作業に合わせて解説します。アクリル塗料を下地に塗り、エナメル塗料を上塗りとする技法は、失敗しても拭き取れるので、やり直しができますから思いきって挑戦することができます。迷彩服の塗装法やちょっとした練習法など、上達のコツと合わせて解説します。

製作・文／上原直之
Modeled and described by Naoyuki Uehara

▲肌の塗装に使用した塗料。基本的にツヤ消しの塗料を使用する。塗装する前にビンのなかをよくかき回しておかないと、乾燥後に完全なツヤ消しにならないので注意しよう。

▲肌、服の基本色やクツなどをタミヤ アクリル塗料、タミヤ エナメル塗料の順番で下塗りを行なう。タミヤ エナメル塗料は隠蔽力が低いので、そのままでは透けやすく厚塗りになりやすい。

▲1段階目のシェードを入れる。フラットフレッシュにフラットレッド、フラットイエローを混ぜていちばん明るいシェードを頬や眼の周辺の窪んだ箇所に塗る。

▲1段階目のハイライトを入れる。フラットフレッシュにフラットホワイトを少量混ぜて、額や鼻筋、頬骨など出っ張っている部分にハイライトの色を描いていく。

▲1段階目のシェードとハイライトを塗り終えたら、白目をフラットホワイトで描き入れる。この後の中級編で目の入れ方を解説するので、ここでは軽くスミを流す程度でもよい。

▲白目のなかに黒目を入れる。顔を塗装する上でいちばん慎重にならないといけない箇所。フラットブラックとレッドブラウンを混色した焦げ茶色で点、を打つように眼を入れる。

▲目が仕上がったら2段階目のシェードを入れる。1段階目のシェード色にレッドブラウンを足して、より深い部分に描き込んでいく。白目がはみ出していたらシェード色で修正をする。

▲2段階目のハイライトを入れる。1段階目のハイライト色にさらにフラットホワイトを足した明るい色を出っ張った部分に乗せていく。

▲もっとも深い場所にポイントごとに薄めた焦げ茶色を描き込む。この作業をすることによってメリハリが付き、顔の表情が出て雰囲気がよくなる。

▲先の工程で使用したシェード色にフラットブルーを少量混ぜて髭を描き込む。髭が生えていることによってより人間らしさが出てくるので是非トライしてみたい技法。

▲顔をすべて塗り終えた状態。最後に眉毛を描き入れて顔の完成。眉毛は仕上がった肌に濃い色を描き込む工程なので、失敗すると台なしになりやすい。塗装前にある程度練習が必要だろう。

▲塗膜を保護するためにGSIクレオス水性ホビーカラーのツヤ消しクリアーを塗る。ツヤもきれいに消えるので服や顔をタミヤエナメル塗料で塗装する場合は必須の作業。

▲服のシェードの第1段階を描き入れる。服の基本色にカーキドラブを混ぜてシワのシェードを塗る。多少はみ出してもぼかして修正できるので気にしない。

▲2段回目のシェードをもっとも奥まった場所に描き入れる。深いシワや縫い目、襟の裏側などに基本色に焦げ茶色を多めに足して塗ると全体が締まってくる。

▲肩章を塗装する。箱のイラストや軍装本などを参考に塗装するとよい。モールドがはっきりしていない場合は塗装前の下準備段階でデザインナイフを使い削り込んでおくと塗りやすい。

▲基本色にフラットホワイトを混ぜてハイライトを描き込む。いちばん出っ張っている箇所には、よりフラットホワイトを多めに混ぜてハイライトを描き込んでいく。

▲かなり大雑把にハイライトを描き込んだら、溶剤を含ませた筆で撫でて端をボカシていく。ボカシ過ぎたらまたハイライトを塗って修正を加える。

▲シャドーとハイライトを塗装し終えたら全体を確認して、不自然な箇所があるようなら修正を入れて完成させる。

▲ベルトのバックルや鉄十字章などの金属部分はフラットアルミを使い塗装する。金属色は粒子がこまかいので筆に残りやすいため、服の塗装用と筆はわけておくとよい。

▲全体がツヤ消しになっているので変化をつけるために、アクリル塗料のクリアーをベルトなど革製の部分に塗る。装備品などポイントごとにツヤを変え、質感を変えるとよい。

完成！

動物フィギュアの塗り方

情景のワンポイントに欠かせないのが動物のフィギュアです。その存在は作品の印象に大きく左右する要素として、毒にも薬にもなります。そして、その塗装は人のものとも車両のものとも異なる独自の表現方法が求められるもの。ここでは「動物をいかに動物らしく見えるように塗装するか」を、すこっつぐれい氏の作例をもとに解説します。

製作・文／すこっつぐれい
Modeled and described by Sukottu Grei

▲人と車両以外にも作品のストーリーを持たせるために効果的なが動物。ときに人や車両以上の存在感を有するので、使い方には注意が必要だ。動物はとにかく注目されやすいので、しっかり塗っておきたいところでもある。

馬・あし毛（グレー）

芦毛とはグレー系の毛色の馬を指します。ひと言にグレーと言っても、明るいグレーから暗いグレーまでさまざま。ここでは白いスポットが入った毛並みの再現方法を紹介します。

▲組み立てと整形が終わったら、まずは全体にサーフェイサーを塗布。それが乾燥したら上から影色となるブラックで満遍なく塗装する。

▲次にニュートラルグレーを胴体の斜め45度から吹き付ける。こうすることで残った黒がシェード表現になる。たてがみと足のすね部分、尻尾口周りのブラックも残しておく。

▲ハンドピースのノズルを絞り込み、ごくごく明るいグレー（なければ白でも構わない）でスポットを加える、慎重さが要求される。

▲背中大きめに模様を入れて基礎の塗装はこれで終了。ノズル径0.2mmのハンドピースがあれば楽に塗装できる。

▲馬の目は瞳だけが見え白目は見えないのだが、ストーリー性を与える場合、白目も描き加え一方向を注視させるのもおもしろい。

▲蹄はブラウン系で、たてがみ、足毛、尻尾はやや茶色に振ったブラックで塗り分ければ完成。馬具は革と金属なのでフィギュア塗装の作法と変わらない。

36　Essential knowledge and skills of creating military model figure.

馬・鹿毛

馬といえばこの鹿毛で、茶褐色の毛で覆われたもっとも一般的な毛色だ。スタンダードな色なので、強い自己主張をすることなく馬本来の役割を担ってくれる。

▲鹿毛の馬もあし毛と同様、サーフェイサーを吹いた後、まずはブラックを全体に吹き付ける。

▲次もあし毛と同じように、基本色のブラウンを塗装。斜め45度から吹き付け、腹や足の部分のへこんだ部分のブラックを残す。早くも馬らしくなった。

▲鹿毛や栗毛の馬は顔に白斑を加えるとアクセントになる。アイボリーを細い筆で毛を一本ずつ中心から外側へって書き込み、繊維感を出すと良い。

▲ハイライトとして黄橙色を尻と腰骨部分、腹の上、耳、首の上部などに塗装。蹄やたてがみなどを、あし毛の時と同様に塗り分ければ完成。

牛・ホルスタイン

ドイツ原産のホルスタイン（正式名称ホルスタイン・フリーシアン）は、誰もが見慣れた模様から、最も牛らしい記号となってくれる。

▲今回使ったのはリッチモデルの家畜セットNo.2の牛。大きく発達した乳房もしっかりと表現されている。

▲模様は丸を重ねたような雲形で塗り分けるが、ボケ足はないほうがそれらしく見える。ちなみに、俗に言うイギリス軍のミッキーマウス迷彩はフリーシアンパターンとも呼ばれ、この模様が元ネタだ。

犬・シェパード、キャバリア

軍用犬としてフィギュア化の機会に恵まれたシェパードをはじめ、犬の塗装は犬種ごとに特徴のある柄をうまく再現するのがポイント。

▲犬は馬や牛と比べ、体格に対しての体毛が長めなので、柄の境目で毛並みを表現するとらしく仕上げることが可能。

◀シェパードの柄は一般的には黒、茶の2色だが、全身白や黒の個体も存在する。頭頂から尻尾にかけてと、鼻と口周りに黒を入れると一気にらしくなる。胸周りの毛が白い個体もいるので、再現すればいいアクセントにもなる。

▼オーロフモデル製の子犬セットのなかから吠える仔犬。製品はとくに犬種が指定されているわけではないので、今回はキャバリアに見立て、ブレンハイムという左右対称の柄をチョイス。白い部分はアイボリー系で塗装。真っ白で塗らないことがリアリティを持たせるポイントと言えるだろう。

Essential knowledge and skills of creating military model figure.

●仲間に食料を届けるべく、2頭立ての野戦炊事車で荒い道を行く若い兵士。その隣にいる子犬は、大きな友達の登場に果敢に吠え返すも少々怯えている模様。殺伐とした戦闘地域からは遠く離れた、なんとも微笑ましく平和な景色となっている。この独自の雰囲気を醸し出せるのが動物フィギュアが持つ魅力のひとつなのだ。
●フィールドキッチンを引く2頭の馬。登場する動物のなかで最も大きなの躯体は貫禄を漂わせるが、その実、流し目で吠えるシェパードを注視しているあたり多少の警戒をしていることが伺える。二頭の馬はそれぞれ毛色を変えて差別化を図るとともに、作品全体の色味が単調にならない工夫が盛り込まれている。
●家畜の代表各でありながら、ストーリーの外から傍観者を決め込んでいる牛もアクセントになっている。
●若いドイツ兵とともにリンバーの上に配置された子犬は、作品のなかでもっとも小さな存在ながらストーリーの主人公として配置されており、そのギャップがおもしろい。
●突然の来訪者に喜びを隠せないシェパード。前足を地面から離すことで躍動感と喜びを表現している。そして、その傍らに佇む老人は、馬車上の若い兵士との対比になっている点にも注目したい。
●野戦炊飯車はタミヤの「ドイツ フィールドキッチン」を使用。本キットはベテランキットながら現在でも評価が高く人気のアイテムで、御者が制御するリンバーのブレーキとフィールドキッチンのブレーキがリンクまでが再現されていたりと非常に凝ったキットだ。
●フィールドキッチンの車輪は、トラック牽引用のゴムタイヤを備えたタイプではなく、馬引き用の鉄ベルトを巻いた木製タイプであるところも、この作品ののどかな雰囲気にマッチしている。……ところで、リンバーに積まれているモモ肉は、6匹目の動物(豚?)ということなのだろうか……。

人と動物が織りなす
牧歌的なひとコマ

　少し野暮ったい馬、ベルトを自作しなければならない手間が敬遠されるのか、作例を見ることが稀です。ただ、シンプルながら特徴を良くとらえたフィールドキッチン、そして1／35スケールで最高レベルの出来の農耕馬。手を加えてやれば、必ずよき答えを出してくれることは間違いありません。齢30歳を超えるベテランキットにじっくりと手を加えてみるのも楽しいでしょう。

　田舎道を仲間の元に戻る馬車。途中、盛んに吠える大きな犬に出くわします。初めて見る大きな犬におびえてすくむ子犬、でも、よく見たら大きな犬は小さな友達を大歓迎している様子。そんなのんびりしたストーリーを想像しつつ作成しました。馬車を平坦な道にセットするとおもしろみに欠けるので、雨で流れてデコボコの石が露出する田舎の坂道に。季節は晩春から初夏を想定しています。

　馬具のベルト類は硬化しても柔軟性の残るデューロパテで作成。厚さ1㎜程度にのばしたシートを作成して、1日硬化させた段階でベルト状に切り用います。バックルは金属線。四角いバックルは工作しやすいアートフラワー用の裸ワイヤー、ハミなどは少し硬いが型崩れしにくい0・2㎜～0・4㎜の真ちゅう線。準備できたら現場合わせでベルトをゼリー状瞬間接着剤で固定していきます。仕上げに0・2㎜のピンバイスでベルト止めの穴をあけると精密感がでます。駄馬の雰囲気を出すためオーバースケール気味に作ります。手綱のみコピー用紙を塗装したものを細く切って用います。

　敬遠される馬の塗装ですが、エアブラシで基本塗装を行なえば簡単です。基本塗装はラッカー系塗料、全体をブラックで塗装した後、基本の毛色を斜め45度上から吹き付け、黒い部分をシェードとして残します。その上から尻、腰骨、首筋、鼻面に明るい色でハイライトを加えます。その後、目やたてがみ、ベルトをファレホで筆塗りします。ファレホを使うのは、塗料がはみ出したりしても、アクリル系うすめ液で下地のラッカーを侵すことなくふき取って再度塗装ができるからです。　■

■ドイツ フィールドキッチンセット
タミヤ 1/35 インジェクションプラスチックキット
製作・文／すこっつぐれい
GERMAN FIELD KITCHEN
TAMIYA 1/35 Injection plastic kit
Modeled and described by Sukottu Grei

Essential knowledge and skills of creating military model figure. 39

■ドイツ国防軍 戦車兵セット
タミヤ 1/35 インジェクションプラスチックキット
WEHRMACHT TANK CREW SET
TAMIYA 1/35 Injection plastic kit

タミヤ 1/35「ドイツ国防軍 戦車兵セット」は塗り込んで仕上げた際のポテンシャルはもちろん高いのだが、このように素組みしただけでもその造形と表現の幅の広さを感じることができる。現時点における、1/35インジェクションプラスチックフィギュアにおける表現の極北ともいえる。

中級編

筆を使った塗り分けに馴れたら、さらに肌の部分に血の巡りとして赤味を加えたり髭を描き込んだりと、より人間らしさを強調してみましょう。人間らしさが高まれば、存在感もグッと増します。また目の描き込みも重要です。すべてのフィギュアに行なう必要はありませんが、目線を加えることで人間らしさだけでなく、歓情やストーリー性をわかりやすくできるのです。また存在感を強調するのは肌の部分だけではありません。服装の陰影などの塗り込みも効果的です。とくにミリタリーフィギュアならではの迷彩服に塗り分けにも挑戦してみましょう。迷彩服のパターンは初級編で筆さばきをあらかたマスターできていれば、作業は特別難しいということもありません。むしろ色数などから情報量が上がり、密度感ある仕上がりにできるのです。

ドイツ軍の迷彩服の塗り方

ドイツ軍好きでフィギュアに挑戦しようと思ったとき、避けてはとおれないのが複雑そうな迷彩服の塗装です。しかし塗装の順番さえ理解すればじつは単純な作業だということがわかるでしょう。

製作・文／上原直之
Modeled and described by Naoyuki Uehara

オークリーフパターンをマスターしよう

▲基本色に焦げ茶色を混ぜたものでシェード、基本色にフラットホワイトを混ぜたものでハイライトを入れていく。迷彩を入れていくのでシェード、ハイライトは大ざっぱでよい。

▲ブラックグリーンと濃緑色を混色したもので最初の迷彩を描き込んでいく。このときに塗料の濃度を薄め過ぎないのがポイント。薄すぎると塗料が滲んでしまうので注意が必要。

▲フラットグリーン、フラットイエロー、フラットホワイトを混ぜた色で明るい迷彩を暗い迷彩の上にて描き込んでいく。塗りやすい背中などから迷彩を描き込んでいく。

▲迷彩をすべて描き終えた状態。はじめはパターンが読み取れないと思うので資料を見ながら描き込んでいくとよい。本物と同じように塗る必要はなく、雰囲気を優先させるのがコツ。

▲迷彩を全体に描き込むとメリハリがなくなってしまうのでフラットブラウンとフラットブラックを混色したシェード色を迷彩服の窪んだ部分に上から描き込むと立体感が出る。

▲迷彩服の塗装完了。

フィギュアの塗装は紙パレットの上で行なうと非常に塗りやすい。塗料同士を混ぜやすく、微妙な色味の変化を付けやすいので紙パレットはフィギュアを塗る際には用意しておくとよい。

ピーパターンをマスターしよう

▲次にピーパターンの迷彩柄の書き方を解説していく。迷彩のズボンはピーパターン迷彩で塗装する。基本色はハンブロールの26マットカーキ＋34マットホワイトを混色して塗装する。

▲ピーパターン迷彩はまず、30マットダークグリーン＋33マットブラックで大きなかたまりを数箇所描き込んでいく。

▲マットフレッシュを使いダークグリーンのかたまりに似た物を数箇所描き込む。全体に小さな斑点をまばらに描き加えていく。

▲先ほどのダークグリーンの斑点もマットフレッシュの斑点と同様に全体的に描き込んでいく。斑点をあまり大きくしないのがポイント。

▲最後に黄緑色の斑点を101マットミッドグリーン＋24マットトレーナーイエローで描き入れピーパターン迷彩の完成。

▲迷彩が完成したら下地が透ける程薄めた暗いカーキ（26＋33）でシェードを入れ、（26＋34）でハイライトを描き入れる。

Essential knowledge and skills of creating military model figure. 43

▲では実際に、迷彩服の上下にピーパターン迷彩を描き込んでいこう。最初に靴やベルトをダークブラウンで塗装する。先程とは色味を変えているので使用している塗料は参考程度に。

▲次にアース系の基本色を塗装する。今回はエナメル塗料で塗装しているが、アクリル塗料をエアブラシで吹き付けてもよい。フラットアース+フラットフレッシュ+バフ+オレンジを混色したもので塗装している。

▲基本色にカーキドラブを混色したものでシェードを書き込む。さらに深いシワには、ダークブラウンを直に描き込む。

▲基本色にバフとフラットホワイトを混色してハイライトを描き込んでいく。もっとも明るくなる部分にはバフは足さずに、フラットホワイトを多めに足したハイライトで塗装する。

▲シェードとハイライトを入れ終えた状態。迷彩をする場合でも先にシェードとハイライトを描き込んでおくと単調な仕上がりにならない。

▲ステッチなどを強調するためにほとんど白に近い基本色を使用して、慎重に描き込んでいく。

▲最初の深いグリーンの迷彩をランダムに描き込む。使用した塗料はタミヤエナメルの暗緑色2+フィールドグレイを混色したもので塗装している。

▲明るいアース系の迷彩をグリーンの同じようにランダムに描き込んでいく。使用した塗料はタミヤエナメルのフラットフレッシュ+デザートイエロー+バフを混色したもので塗装している。

▲先の工程で使用したグリーンを使用して斑点を描き込む。このとき塗料の濃度は若干濃いめがベスト。あまり薄いと滲んでしまう恐れがある。筆は含みのよい物を使用すると作業がスムーズに進む。

▲グリーンの次は先ほどの明るいアース系の塗料でまた斑点を描く。実物の写真を見るとグリーンの斑点やアースの割合が多い物など色々なケースがあるので、自分の好みで割合を変えていくとよい。そして迷彩パターンは実物と同じように塗ろうとしないのがコツ。1/35スケールのフィギュアでは多少間引いたほうが、"らしく"仕上がることもある。

▲最も明るいグリーンの斑点を描く。このグリーンはあまり描き過ぎるとうるさくなってしまうので、ほどほどに入れるとよい。使用した塗料はタミヤエナメルのフラットグリーン+フラットホワイト+少量のフラットイエローを混色したもので塗装している。白を足しただけだと明度は上がるが彩度が低いので、イエローを足している。

▲迷彩を入れたことによって隠れてしまったシェードをまた上から描いていく。迷彩の色が隠れない程度の濃度でシェードを入れるのがよい。基本色にフラットブラックとフラットブラウンを足したシェード色を使用している。ハイライトも迷彩の上から入れる。ハイライトはタミヤエナメルのバフを薄く溶いてそれを筆で描き込んでいった。ハイライトも同様に迷彩の上から入れている。

フィギュアの塗装をする上で、高いハードルになっているのはやはり迷彩塗装だと思います。しかし、人気のあるドイツ軍、とくにW/SSを塗装するには迷彩は避けて通れない道でもあります。この迷彩塗装があるため「本当はフィギュアを戦車に乗せたいけど、テクニックが追いつかないので諦めている」という人も多いのではないでしょうか？ 私も最初は迷彩を塗るのが恐くて避けていましたが、いざ塗装してみるとそれほど敬遠するものでもないと感じました。多少実物とパターンが違っていてもそれらしく見えればまったく問題ないと思います。今回紹介したピーパターンとオークリーフパターンはW/SSを代表するといっても過言ではないものです。

陸上自衛隊の迷彩服の塗り方

タミヤの「陸上自衛隊 90式戦車」の戦車長フィギュアを塗装します。迷彩服3型および2型の迷彩パターンを1/35スケールに落とし込めるよう、特徴を汲み取りながら塗っていきます。この迷彩パターンの特徴を拾っていく塗り方はほかの迷彩の塗装にも通じるので、ぜひ試してみてください。

製作・文／上原直之
Modeled and described by Naoyuki Uehara

■陸上自衛隊 90式戦車
タミヤ 1/35 インジェクションプラスチックキット
JAPAN GROUND SELF DEFENCE FORCE TYPE 90 TANK
TAMIYA 1/35 Injection plastic kit

まずは肌から塗る

いろいろと慎重に進めていかなければならない迷彩服の塗装ですが、まずはフィギュアの芯となる体（肌）から塗っていきましょう。肌はディテールのいちばん下層に当たる部分なので、多少はみ出してもその部分に次の色を被せて修正することができますし、後の迷彩塗装に専念するためにも陰影を付ける作業も先に済ませておきましょう。

▲90式戦車のフィギュアは左手をヘッドセットに当てているものの、組み立ててからの塗装が可能。腕などが顔に被って塗装しにくいと感じる場合は顔だけ個別に塗装すると良い。

▲塗料の乗りを良くするために下地としてタミヤのサーフェイサーを吹き付ける。また、サーフェイサーを吹き付けると処理をし忘れたパーティングラインや傷などが見やすくなる。

▲まず最初は顔から塗装していく。フラットフレッシュにフラットベースを混色して、表面のこまかな凹凸に染み込ませるようにフレッシュを塗り重ねていく。

▲フラットフレッシュを3回塗り重ねた状態。フレッシュは一度で塗装しようとせず、乾燥したら塗り重ねるという作業を繰り返し行なうとムラのない仕上がりになる。

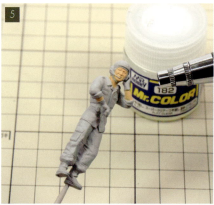

▲首や胸元、腕などにもフレッシュを塗装する。それが乾燥したらGSIクレオスのつや消しクリアーを吹き付ける。ラッカー系のクリアーでコートすれば、エナメル系塗料を塗り重ねても下の色が溶け出さない。

▲フラットブラウンにフラッドレッドを混色したものを顔全体にウォッシングの要領で流し込んでいく。最初は下地のフレッシュが透ける程度の希釈具合で行なおう。

▲現時点では無理に目を描くことはせず、フラットブラウンにフラットブラックを混色したダークブラウンをいちばんくぼんだ部分にスミ入れの要領で表現しよう。

クリアーコートでセーブ＆ロード

いわゆるテレビゲームなどでは、進行状況を保存（セーブ）や読み込み（ロード）することで、失敗をおかした時に保存した状態まで戻り、もう一度やり直すことができるものがあります。非常に便利な機能ですが、エナメル塗料を使ったフィギュア塗装でも似たようなことを行なうことが可能です。上手に塗れた時や失敗しそうな工程の前段階で、ラッカー系のクリアーを全体に吹くことで塗装を保護（セーブ）し、その先の塗装工程で失敗をしたときに、エナメル系のうすめ液で塗料を落とす（ロード）ことで、クリアーで保護を行なった段階まで戻すことができるのです。ただ、エナメル系塗料は完全に落とすことは難しく、セーブ＆ロードを繰り返し過ぎると保護した塗装の色味が失われていきますので、やり直しはほどほどに。

◀クリアーによる保護は缶スプレーでもエアブラシでも可。極端なことをいうと工程ごとに保護しても構わないが、その分モールドがだるくなるので最小限に留めたいところ。

基本となる色を塗る

次は全体の基本となる色を塗っていきます。ヘッドセットやブーツも塗り分けますが、迷彩服に関しては最も基本となる色を塗ります。これは実物を見たときに何系の色に見えるかで判断します。自衛隊の迷彩服の場合、遠目で見た時に緑系見えると思います。つまり、色の面積は緑が最も大きい割合を締めており、基本色と言えるのです。

▲まずはヘッドギアをジャーマングレーにフラットブラックを混色した物で塗装する。間違っても黒一色で塗らないこと。また、先ほど塗った肌にはみ出ないよう、色の境目は慎重に。

▲服を塗装する前にはみ出し防止のためにベルトも先に塗装しておこう。その次に迷彩服の基本色を塗る。色はディープグリーン＋バフ＋フラットイエローを混色したものを使用した。

▲服の基本色を2回ほど塗り重ねた状態。この時に塗り残しがないか隅々まで確認しておく。腕を折り曲げた箇所付近は影になりやすいので塗り残しが起こりやすいので注意したい。

▲残った革製のブーツや手袋はフラットブラウンに少量のカーキを混色したもので塗装していく。先に塗った肌の部分や服の部分にはみ出ないように慎重に塗り分けよう。

▲ここまでの工程を保護するためにGSIクレオスのツヤ消しクリアーを全体に吹き付ける。クリアーを吹きすぎると乾燥後白くなるので注意。これで迷彩のパターンを塗る準備が完了した。

筆に含んだ塗料の量に注意！

筆塗りを行なうときに注意しなければならないのが、筆に含んだ塗料の量。とくに今回のようなこまかい描き込みを行なう際、筆に塗料を含み過ぎると思いもつかない場所へ塗料が流れでてしまい、迷彩パターンの描き直しどころか最悪最初からやり直しという事態にもなりかねません。こまかく描き込む際、ティッシュなどに押し当てて余分な塗料を吸い取らせてから描き込むと失敗しないでしょう。

面積が多い順に塗る

ここからが迷彩服塗装の本番。迷彩服は迷彩パターンの描き込みです。基本となる緑の塗装が終わったので、次に面積が大きい色を塗ります。しかし、陸自の迷彩パターンをよく見ると、緑の次に茶とタンが同じくらいの比率で大きいので、塗装の際は仮の優先順位を付けて塗りましょう。最後に塗るのが最も面積の小さな黒になります。

▲茶とタンは重なり方を見てもどちらが上か判断できない。今回は茶から塗装するが理由はなく、塗る順番はコイントスで決めてもよい。筆先の塗料を少しずつ「乗せる」感じで色を置いていく。決して「実物どおりの形に」なんて思わないこと。

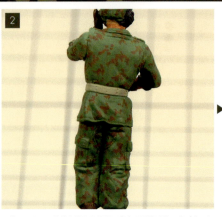

▲茶のパターンを描き終えた状態。背中は面積が広い分ごまかしがきかないので慎重に筆を入れる箇所でもある。パターンを塗るときは規則性を持たないランダムを意識すること。コツはパターンを同じ縦のライン上に描き込まないようにする。

茶

▲次にタンのパターンを描き込んでいく。バフにカーキを混ぜた色で塗装した。茶と同様の塗り方でタンを置いていくが、グリーンの面積を潰しすぎないようにバランス良く描き込もう。

▲タンのパターンを描き終えた状態。ここでも背中は実物より多めにさらに大きくパターンを描き込んでいる。茶やタンのパターンが滲んだ場合は、多少であれば最後に入れる黒を上から描き込むことでリカバーすることができる。

タン

▲パターンの描き込みにも慣れてきたところで最後のパターン、黒を描き込む。失敗が許されないので慎重に行きたい。黒はいちばん面積が小さいので、描き込み過ぎに注意。

▲最後の黒いパターンを入れ終えた状態。パターンのひとつひとつを見ると実物の形状とは似ていないが、迷彩パターンの比率と配置の特徴を取り入れるだけでも、人の目にはしっかりとした迷彩服に映る。

黒

48　Essential knowledge and skills of creating military model figure.

スミを入れて全体を締める

まだ終わりではありません。迷彩服のパターンをすべて描き込んだところで、最後の仕上げです。輪郭や色味を惑わすための迷彩効果が、フィギュア自体におよんでしまいどことなく締まりのない印象に……。そこで、模型的な見栄えを加えるため、スミ入れをしてピシッと引き締めてあげましょう。

▲迷彩パターンを描き終えたら次に行なうスミ入れのためにツヤ消しクリアーで全体を保護します。これを忘れると最悪の場合、これまでの苦労がうすめ液と一緒に流れてしまう可能性も！

▲ベルトや服のくぼみなどを中心にエナメル塗料のダークブラウンでスミ入れを行ない、全体の印象を引き締める。あくまでもフィギュアのモールドを強調することが目的だ。

▲ということで完成。ここではスミ入れのみで仕上げを行なったが、後でこの上から薄く希釈したシェードとハイライト色を重ねてさらに深みを出していく。

陸上自衛隊のこまかな迷彩も手順がわかれば案外簡単だ

▶今回の陸上自衛隊の迷彩服が持つ迷彩パターンに優先度を付けて、それぞれのパターンごとの特徴を盛り込んで塗装してみた。最も重要なのが各色のパターンが迷彩服上に占める割合と、パターン配置のランダム感。このふたつさえしっかりしていれば、パターンの形状はさほど気にならないだろう。神経質な人は「実物を正確に再現したい！」と思うかも知れないが、まずは迷彩服が迷彩服らしく見えるコツを掴んでから、その後で写実的に寄せていけばいい。まずは完成させることが大事なのである。

▲▶キット付属のフィギュアは専用の設計がされているだけあって、車両とのフィッティングも完璧だ。ポージングの調整がほとんど不要ななので、これからフィギュア塗装に挑戦しようとしているビギナーにこそ、タミヤのキットをおすすめしたい。そして、90式戦車に付属するフィギュアも例外ではなく、組み立てて、塗って、キューポラに立たせるだけで車両に色を加えとドラマを与え、一段上のクオリティに仕上がるのだ。

Essential knowledge and skills of creating military model figure.

迷彩服に陰影を付ける

こまかい迷彩柄の描き込みとスミ入れを行なったら、さらに陰影をつけて迷彩服の立体感を強調する方法を紹介します。迷彩柄を塗り分けただけの状態では服の形状や凹凸が掴みにくくなり、単色の服よりも立体感がなく見えてしまいます。それを防ぐためには、適度な陰影を付けることが最適なのです。

製作・文／上原直之
Modeled and described by Naoyuki Uehara

迷彩の陰影はベース色の面積で後先を決める

ここでは迷彩服の塗装に陰影を付ける方法のなかから、先に迷彩パターンを描き込んでおいて最後にシェードとハイライトを描く方法を紹介したいと思います。

私自身も普段迷彩服を塗装する際は先に陰影をつけることの方が多いのですが、今回紹介している陸上自衛隊の迷彩服など、ベースとなる色とその上から重ねる迷彩色の面積が逆転、もしくは同等の場合には必要以上に"うるさく"ならないのでシェードとハイライトを後から入れて仕上げることもあります。

作業はいざ迷彩の上から陰影をつけるとなると最初は躊躇しがちですが、薄く希釈した塗料を何層も塗り重ねる要領で行なえば失敗は少ないと思います。もし失敗してしまった場合、リカバリーは困難な作業なので筆に含ませる塗料はごくわずかにとどめて描いて陰影をつけていきましょう。シェードとハイライトに使用する色もその都度迷彩の色に合わせて最適なものを選ぶのも重要な要素だと思います。■

▲まずタミヤエナメルのフラットブラック＋暗緑色を混色した色をシェード色として、下地が透けるくらいの希釈具合いでくぼんだ部分に描き込んでいく。

▲もっともシワの深い部分には、先ほどのシェード色にさらにフラットブルーを混加えて面相筆で描き込んでいく。塗料の希釈は先の工程より薄めに調整と良い。

▲次にハイライト入れる。タミヤエナメルのバフをシェードの時と同じく、塗料は下地が透けるぐらいに希釈して描く。滲みが出ないように筆にあまり塗料を含ませないのがコツ。

▲最後に縫い目やもっとも光の当たる部分に先ほどのバフにフラットホワイトを加え、面相筆で描き込んでいく。やりすぎると迷彩が消えるのでほどほどに。

Before
▲塗り分けをキッチリと行ない仕上げた状態。ここの仕上がりでも充分だが、今回は陰影を付け立体感を強調する。

After
▲迷彩服に陰影(シェード、ハイライト)を加えた状態。陰影を付ける前の状態に比べて立体感が強調されているのがわかる。縫い目を浮き出させたのもポイントだ。

ベース色に影を付けることも

迷彩パターンよりも、ベースとなる色の面積の方が若干でも多いような場合は、まずベース色を塗った段階で陰影を付けておくようにします。その後迷彩を描き入れてから、再度はあらためてハイライトやシェードを入れますが、補助程度にしておきます。この方法なら陰影がキツくつきすぎたり、仕上がりが汚く(暗く)なりません。

Essential knowledge and skills of creating military model figure. 51

フィギュアに目を入れてみよう

フィギュアに息吹を与える要素のひとつとして重要なのが目を入れる塗装です。キレイに塗り分けて仕上げられるようになったら、ステップアップとして習得しておいてソンはしない目の塗装をバッチリ解説していきます！

製作・文／斎藤仁孝
Modeled and described by Yoshitaka Saito

目が描けるようになればフィギュアはもっとオモシロい

肌に陰影を付けて、ほおや唇に赤味をさすだけでもかなり人間らしく仕上げることができますが、さらに人らしく仕上げたいなら、目を入れるとグッとらしくなります。

精密な塗装作業が求められるので、簡単とは言えませんが、目を描けるようになると、目線で演出することも可能で、複数のフィギュアを用いてダイオラマを製作するともなれば、「目は口ほどにものを言う」というぐらい重要になるのです。そんなフィギュアのキモとなる目の塗り方を解説していきたいと思います。■

まずはフィギュアのモールドをチェック

目を描き入れは、必ずしも行なわなくてはいけないというものではありません。いちばん最初に確認しておくのは「モールドの眼球が確認できるか」です。目を上手く入れられないと感じている方の多くは、モールドがないのに半ば"ムリヤリ"に描き入れていることが原因になっています。達人はそれでも描けたりしますが、まずはキットに合わせると良いでしょう。

▲1/35スケールのフィギュアをアップにしたもの。タミヤの「アメリカ戦車兵セット（ヨーロッパ戦線）」だが、しっかりと眼球が確認できる。

▲同じく1/35スケールのロシア兵フィギュア。確認しやすいようにスミ入れをしたが、細目で眼球が確認できない。この場合無理に描かない方が良い。

▲眼球の下（？）にある「涙袋」を眼球に見立てて目をかいてしまった例。モールドを無視しても上手く塗れれば良いが、大概はこのようになる……。

瞳には正しい位置がある

すべてのフィギュアに共通するわけではありませんが、瞳（黒目）を入れる位置には法則のようなものがありますので紹介しておきましょう。大半のフィギュアはこの法則に従って描き入れればおかしくなることはありません。もしも法則が当てはまらない造形のフィギュアなら両目を左右上下いずれかに寄せればおかしく見えることはかなり防げます。1/35スケールではお伝えしにくいので1/16スケールのサンプルを使って解説します。

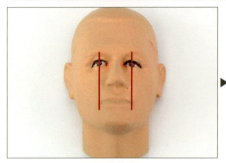

▲位置の法則とは赤い線のように、口角の幅に合わせて瞳がくるようにあわせることだ。

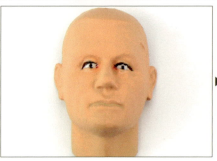

▲黒目と白目の比率も大切。白目に対して黒目は大きくても小さくても違和感となってしまう。大きさは鏡などで自分の目を参考にするのも良い方法だ。

▲目頭に赤味を足したり、黒目にアイキャッチを入れるのも"生きている人間"を強調できる。が、1/35スケールでは無理に入れなくても良いだろう。

目を描く手順とコツ

ここでは実際に塗装する際のポイントを紹介します。1/35スケールではどうしても小さくなってしまい、わかりにくいので1/16スケールを使い解説していきます。フィギュアに目を入れる作業は、肌の陰影などを済ませ最後に入れるという順番で作業することもありますが、その場合失敗した際にリカバリーが難しくなります。ここで紹介する順番の方が失敗も少なく確実に作業できるのです。

1
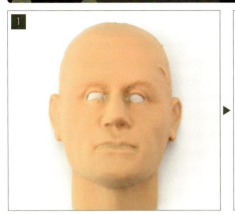
▲まずは白目を塗る。白目は純白ではなく、極薄いライトグレーか、肌色を加えた白を使う。

2

▲先ほど紹介したように口角にあわせて瞳を入れる。はみ出しは気にせず大きさや位置だけ気をつけて作業する。

3
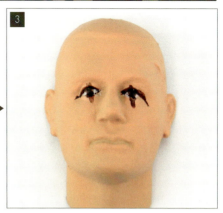
▲焦げ茶色で上まぶたを描き入れる。下まぶたは漫画調になりやすいのでよほどの場合以外は入れない。

4
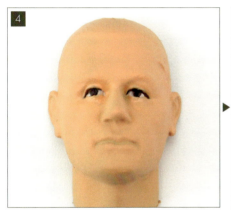
▲ベースに使った肌色で瞳のはみ出しを修正しておく。1/35ならこの状態でも充分完了だ。

5
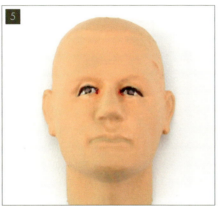
▲さらに目元をリアルに仕上げたいなら目頭に赤味を足し、瞳にアイキャッチを入れる。

道具に"助けてもらう"が上手くいく近道

フィギュア塗装で、とくに目を入れるような繊細な塗装でキモになるのは筆です。「弘法筆を択ばず」と言いますが、それは弘法大師が書の達人だから。モデラーは良い筆を選びましょう。「上手くいかない」という方に限って年季の入った筆先の粗い面相筆で挑戦しているのではないでしょうか? 細部を塗るための専用の筆を用意するだけで作業の難度はかなり下がり塗装しやすくなります。

▲筆の他に目を描き入れる作業で役立つのは「ルーペ」だ。「見えれば塗れる、塗れないのは見えないから」と言われるくらい大事な道具。

▲筆先の細い面相筆を使うこともさることながら、グリップの太さなど作業しやすさに直結する持ちやすさにも気を配ると良い。

瞳の色は何色で塗ればいい!?

「金髪だからってキレイなメタリックゴールドで塗るのはちょっと違う」という髪の塗装と同じで、モンゴロイドの茶色い瞳などの褐色系はいいとしても、アーリア人などの青い瞳はブルーで塗るというのはアニメのキャラクターみたいになってしまい、ミリタリー独特の迫力が損なわれることがあります。ポイントは色をくすませることです。

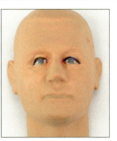
▲青をくすませ、さらに淡くした「ブルーグレー」を使った例。色は映画など映像や写真で実際の人間を参考にするのも良いだろう。

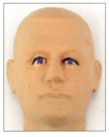
▲キレイな青で瞳を入れたフィギュア。ごらんのとおりアニメキャラのような仕上がりに……。

1／35スケールのフィギュアに目を入れる

本誌読者の皆さんはなんと言っても1/35スケールをメインに製作している方が多いと思います。ですから「なんか1/16スケールで説明されてもピンとこない……」と思われる方も多いのでは？ ということで、先ほどまでのポイントを念頭に1/35スケールでも補足解説していきましょう。さらに、1/35スケールでは肌色を仕上げてから目を描き込む順序の方法で行ないたいと思います。この方法は先ほども触れたように失敗の可能性が高く「一発勝負」なのですが、調子を見つつ目を描くことができます。イメージとしては、正しい塗り分けをするというより、らしく見えるように嘘をつくという感じです。

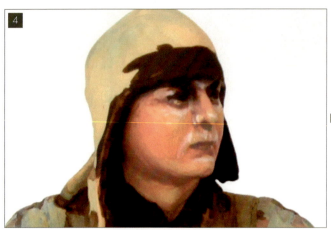

▲まずは肌の陰影を仕上げておく。眼球に当たる部分は肌の陰影で使用したいちばん暗い色で塗りつぶしておいた。

▲白目を描き入れる。塗料の含みがよく筆先が揃った良質の面相筆を使い慎重に描いていこう。作業で使用している筆はモデルカステンの「フェイスフィニッシャー」。

▲瞳を入れる。はみ出さないように慎重に作業するということもさることながら、ポイントとなるのは位置と大きさ、それに形状だ。点を置くように塗ると「ビックリ眼」になりやすいので注意しよう。

▲上まぶたを描く。この作業でかなり目元は引き締まる。

■アメリカ戦車兵セット（ヨーロッパ戦線）
タミヤ 1/35 インジェクションプラスチックキット
U.S. TANK CREW SET (EUROPEAN THEATER)
TAMIYA 1/35 Injection plastic kit

▼▶タミヤの「アメリカ戦車兵セット(ヨーロッパ戦線)」は、メリハリのある造形は昨今のフィギュアのなかでも特に出色の出来で、服のしわはもちろんのこと、目鼻立ちもかなりはっきりとモールドされている。フィギュアをうまく塗ることができない原因のひとつにモールドの浅さがある。目や口の位置や、服のシワの有無が不明瞭で、自分がどこを塗っているのかわからなくなってしまうのだ。その点、はっきりとしたモールドのフィギュアは、上瞼と涙袋、眼球までも判別することができ、自分がどこを塗っているのか迷うことなく筆を運ぶことができるだろう。

Essential knowledge and skills of creating military model figure. 55

■ドイツ重対戦車自走砲 ナースホルン
タミヤ 1/35 インジェクションプラスチックキット
GERMAN SELF-PROPELLED HEAVY ANTI-TANK GUN NASHORN
TAMIYA 1/35 Injection plastic kit

タミヤ1/35「ドイツ重対戦車自走砲 ナースホルン」には指揮官、砲手、装填手の4人が車内で作戦中というこれまでにない構成。車体とのフィッティングは絶妙で、砲手は車体側のシートや照準器に合わせて組み立てる必要があるほど。これまでのMMフィギュアにはない仕様だ。

上級編

上達の終着点ともいえる、フィギュア名人モデラーのテクニックを紹介します。究極にまで高められたフィギュアの存在感を感じていただき、あらためて重要性を理解ていただけたらと思います。その名人たちの製作方法ですが、さすがに本書を熟読すれば到達できる……とは言い切れない領域。ですが、名人だけが知っているフィギュア製作のコツやヒントが多くあるのです。なかでもポーズの変更は比較的に挑戦しやすく作品をランクアップさせやすい工作法です。フィギュア同士を組み合わせたり、車両などに腰掛けたり捕まったりとする場合、接点をしっかりと密着させることでプラモデルっぽさを感じさせないといった配慮がされているのです。また塗装では技術よりも塗料の特徴を活かして使用していることがとても参考になります。塗料の性質別の使い方にも注目してください。

フィギュアマイスター 平野義高氏の塗装法

フィギュアマイスター、平野義高氏にフィギュアの中でもとくに重要な顔と手の塗り方を指導してもらった。タミヤエナメルを使って、情景で想定している季節、地域、天候によって肌の塗り方を変えてゆくのが平野流だ。

製作／平野義高
Modeled by Yoshitaka Hirano

平野義高
Yoshitaka HIRANO

硝煙の臭いを感じるような存在感や、いまにも動き出しそうな躍動感ある仕上がりが特徴的な日本を代表するフィギュアマイスター。特殊な道具などを使用せず、模型店で入手が可能なマテリアルのみで製作する。

▲今回、使ったのはレジン製ヘッドだが、サーフェイサーは吹かず、そのまま塗る。

▲完全ツヤ消しのフレッシュで、ムラにならないようにまんべんなく塗り、下地を作る。

▲この段階で早くも白目を入れる。使うのは同じエナメルのフラットホワイトである。

▲目玉の部分にはフィールドブルーにフラットホワイトをわずかに混色したものを塗る。

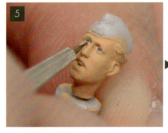

▲目玉は全体の雰囲気を見ながら、何度か修正する。以後の作業には拡大鏡が必須。

▲基本色のフレッシュにオレンジ色を入れ、赤みの様子を見ながら部分的に混ぜてゆく。

▲赤味は頬や陰になる部分に塗っていき、鼻先は意識して少し強く塗ると生命感が出る。

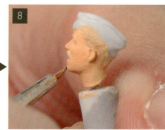

▲さらに強い赤味を塗りグラデーションを作る。同じ色でも塗り重ねると色味が変わる。

▲赤を混ぜたフラットブラウンで、口の中と眼の周辺などのいちばん暗い陰の色を塗る。

▲下地に使った色を塗って明るい部分を作る。一気に白っぽい色を塗るとおかしくなる。

▲耳からアゴにかけては、アゴの骨が出っ張っているので明るめに塗る。首の横も同じようにする。

▲下地に使ったフレッシュにブラウンやオレンジが混ぜられて使われている様子がわかる。

▲鼻の頭はさらに赤く、唇と頬のあたりにも赤味を追加してゆく。口の中はさらに暗く。

▲首筋の部分にも赤を混ぜたフラットブラウンでタッチを入れ、後で境目をぼかす。

▲耳は光で血が透けて見えるので、赤みを強くして、形を描き起こすように塗っていく。

▲下地色に白を混ぜた色でハイライトを入れはじめる。徐々に明るくなるよう塗っていく。

▲歯は白+明るめのグレーで描き、乾いた後に白で点を描く感じでハイライトを入れる。

▲鼻筋のハイライトは「さーっ」とではなくて3ヶ所くらいに分けて塗るとリアルになる。

▲髪はフラットブラウン、カーキブラウン、フラットフレッシュを混ぜ「茶髪」にする。

▲最初は髪全体をフラットフレッシュを混ぜた色（肌色とブラウンの中間）で塗る。

▲次いでフラットブラウン、カーキブラウンを混ぜた髪の毛自体の色を作って陰を塗る。

▲その後、濃い目のブラウンを髪の陰の部分に、落としていくような感じで塗ってゆく。

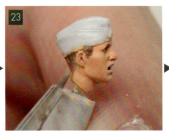
▲下地色のフレッシュを多めに混ぜた髪の色で、髪の毛の生え際をぼかしてゆく。

▲髪の毛のいちばん暗い部分に濃いブラウンを塗り髪のボリュームを出す。

▲髪の色はすなわち眉毛の色。眉の形だけでフィギュアの表情が作れる。眉の形は重要だ。

▲帽子の色は本来はフィールドグレイだが、前期のドイツ軍はRLMグレイを使うとよい。

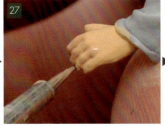
▲帽子が乾くまでのあいだに手を塗る。顔と同じ下地色で塗った指の間に赤を混ぜた色を入れる。

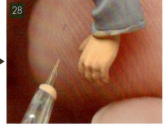
▲指の関節部分など突起部分には光が当たるので、明るい色（下地色+白）を塗る。

▲手の赤味や光の当たり方は、自分の手を参考にして塗れるのでいちばん具合がいい。

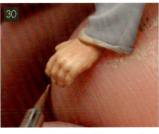
▲爪の部分は、手の下地色に赤とフラットブラウンを多めに混ぜた色で塗ってゆく。

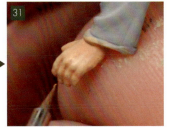
▲静脈は下地色にRLMグレイを混ぜた色で、ちょんちょんとややオーバー気味に塗る。

完成！

▲最後に徽章類を、クロームシルバーで「ちょんちょん」という感じで塗れば完成。今回、ヘッドと帽子の塗装に使った塗料は以下のとおり、タミヤエナメル、XF-1 フラットブラック、XF-10 フラットブラウン、XF-7 フラットレッド、XF-2 フラットホワイト、XF-15 フラットフレッシュ、XF-57 バフ、XF-22 RLMグレイ、XF-50 フィールドブルー、XF-49 カーキ、XF-51 カーキドラブ、X-21 フラットベース。

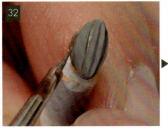
▲帽子の暗い部分と基本色の部分の境目をぼかしてゆく。

▲帽子の陰の部分は基本色+フラットブラウン+カーキドラブで窪みを埋めるように塗る。

▲帽子の明るいところは、基本色に白を混ぜた色を凸部におくように塗っていく。

**傑作は丹念な仕事から
2時間以上を費やして完成**

Essential knowledge and skills of creating military model figure. 59

平野義高氏による女性フィギュア塗装法

ミリタリー系女性フィギュアの中でも、発売以来、抜群の売り上げと人気を誇る平野義高原型による「ロシア女子戦車兵ナターリャ」。平野造形によって、もともと土台がいい上に、平野式「美人塗り」をほどこせば、もはや向かうところ敵なし美人の完成、男はみんな喰われてしまうのである。

製作／平野義高
Modeled by Yoshitaka Hirano

▶髪形は三つ編みスタイル。戦場写真の女性兵士の多くは短めのカットが多いが、あえて長めにしたかったので作業の邪魔にならないであろうこの髪型にしたとのこと。女性の最大の武器である胸は白のタンクトップで最大限に強調される。ヨッシーからは同じポーズで軍服の上着をまとったタイプ(品番ＨＹ35－Ｒ02)も発売中。

■ロシア女子戦車兵ナターリャ
ヨッシー 1/35 レジンキャストキット
販 ミニチュアパーク
Tank Crew Natalia
yosci 1/35 Resincast kit

▲まずは整形作業をする。パーティングラインは消しておく。また今回はレジンフィギュアなので気泡にも注意。気泡や溝の深いパーティングラインはタミヤラッカーパテを使って埋めておく。

▲肌色の基本色は、フレッシュに対して多めにホワイトとフラットベースを加えた色を使う。これが肌のベース色となる。男性フィギュアを塗る場合にはハイライトで使うぐらいの明るい色が、女性フィギュアの場合は丁度よい。

▲第一段階として、基本となる肌色を塗っていく。この段階では顔や肌が露出している部分を塗り分けていくだけでよい。多少はみ出したり、塗り残しがあってもここでは問題ないので大ざっぱに進める。

▲ベースとなる肌色は一度に色を乗せようとせず、ある程度塗ったところでしっかり乾燥させ、二度塗りをする。さきほどまでに塗った部分で塗り残しがあったり、筆目が出てしまった部分も補正する感じで塗っていく。

▲肌色の階調を塗るまえに眼を塗る。白目はホワイト、瞳はフィールドブルーを使う。この段階で目を入れるのは多少はみ出ても肌色で修正できるため。肌色に階調をつけた後では修正がしずらくなるためだ。

▲肌色のベース色を塗り終えて目を描いたら、次に肌色に階調を付ける。まずは光が当たりにくいくぼんでいる部分に進むにつれ、だんだんと暗くなるように色をつける。第一段階としては肌色に少量の赤を混ぜている。

▲第一段階の色にブラウンを少量加えさらに暗い部分に塗っていく。段階を追うことに塗る面積が少なくなる感じにすると、自然なグラデーションが付いて上手くいく。

▲腕も同じように段階をつけてグラデーションを付けていく。指は複雑な形状をしているが、面倒がらずに段階をわけてグラデーションを付けるとよい。

▲肌色に暗い色の段階を付けたら、女性らしさを出すために、ほんのりとほお紅をさす。塗料の濃度は薄めにして表面にサッとフィルターをかける感じで作業する。

▲使用したのはすべてタミヤエナメル塗料。フレッシュとフラットホワイト、フラットレッド、フラットブラウンを調合している。サラの右がベースの肌色、左が赤味を足した色、中央がブラウンを足したいちばん暗い色。

▲肌色の塗装が見えてきたところで、唇に赤味を付ける。男性フィギュアよりも、血色のよい感じの色味にすると女性らしくなる。

▲肌色の暗い色の段階ができたら、次に明るい色の段階をつける作業に入る。まずはベース色の肌色を使い、今度は光が当たる部分を意識しながら塗り重ねる。

13
▲肌の段階作業の最後として最初に塗ったベースとなる肌色に白を加え、もっとも光が当たるだろう部分に塗る。あくまでも、暗い色からだんだん明るくグラデーションが付くように塗る面積を考えながら作業する。

14

15
▲まずはタンクトップ(上着)の塗装をする。ホワイトにカーキドラブを加え、くすませた色をベース色として全体に塗る。塗り方は肌色のベース色の塗り方と同じ。一度に済ませようとせず数回繰りかえすとよい。

16
▲ハイライトを入れる。さきほど塗った色にさらにホワイトを混ぜて明るくした色を塗っていく。シャツがひっぱられて生地が薄くなっているところに重点的にハイライトを入れていく。

17
▲陰を入れる。基本色にグレーと肌色を混ぜた色で薄く入れる。ただ、ベースが白いのであくまでも混ぜるブラウンはごく少量にとどめ、塗る箇所もシワの奥などにひかえめに入れる。

18
▲ズボンを塗る。ズボンはデザートイエロー+カーキ(基本色)。実物はカーキにより近い色だが、デザートイエローを入れることで中間色となり、このあとハイライトやシャドウを入れてコントラストをつけやすい。

19
▲デザートイエローを足して少し明るめの色でハイライトを入れる。さらにバフを混ぜて明るくした色で二段階めのハイライトを入れる。ここは筆の先でこまかく描き込む。

20
▲陰を入れる。シャドーはカーキドラブ+フラットブラウン。入れ方はやはり薄い色で染めていく感じにする。ズボンのシワを中心にグラデーションをつけていく。

21

22
▲フラットブラウンに若干バフを混ぜたもので、眉毛を塗る。女性らしさを出すために眉毛は男性よりも細くなるように意識して塗っていく。

23
▲Mr.カラーの薄め液でフラットベース(こちらもMr.カラーのもの)を薄めたものを筆塗りしてツヤを消す。面を覆う感じで満遍なく塗って、全体のツヤを調整する。

完成!

A

B

C

平野流"金髪"の塗り方

金髪といっても金色で塗ってしまうのは大まちがい! 正しい金髪の塗り方を解説します。 Aまずカーキを全体に塗る。B次にデザートイエロー+カーキ。これを中間色として、先のカーキがシャドーになるような感じで塗る。Cさらにカーキ+デザートイエロー+ホワイトでハイライトを塗る。髪の毛の光が当たる部分に描き入れる。

〈使用した塗料〉
■タミヤエナメル
X-18セミグロスブラック
XF-1フラットブラック
XF-2フラットホワイト
XF-7フラットレッド
XF-10フラットブラウン
XF-49カーキ
XF-50フィールドブルー
XF-51カーキドラブ
XF-59デザートイエロー

〈仕上げ材〉
■タミヤエナメル
X-21フラットベース

Essential knowledge and skills of creating military model figure. 61

フィギュアを車両に乗せるための
フィッティングテクニック

既存のフィギュアを車両にきちんと乗せるために必要なテクニックです。基本はフィギュアと車両をフィットさせるための、削る、盛る技術の習得です。そのうえで、時に大胆さと繊細をも身につければ生き生きとしたフィギュアたちが車両を何倍も魅力的にしてくれることでしょう。

製作・文／鬼丸智光
Modeled and described by Tomomitsu Onimaru

■ドイツ戦車兵(6体入り)
ミニアート 1/35 インジェクションプラスチックキット
■Ⅲ号戦車F型
ドラゴン 1/35 インジェクションプラスチックキット
GERMAN TANK CREW
MiniArt 1/35 Injection plastic kit
Pz.Kpfw.III Ausf.F
DRAGON 1/35 Injection plastic kit

フィギュアの改造は
思い切りと強い意志

　苦労して完成させた車両には、スタイリッシュなフィギュアを乗せたい！　特にドイツ軍のⅢ号やⅣ号戦車に所謂「箱乗り」した様子の再現は、誰しも憧れるところです。狭い車内から身を乗り出した、砲塔にギュウギュウに詰まった感がたまりませんよね。しかし、作りたい車両にジャストフィットしたフィギュアセットというのは、そうそうあるものではなく、また仮にあったとしても、皆が同じフィギュアを使っていたら、なんだかありがたみも薄まってしまうってもの。ここはひと手間掛けて自分だけの車両にジャストフィットするフィギュア製作にチャレンジしてみようではありませんか！
　今回選んだミニアートのフィギュアセットには、ちょうどよいポージングのフィギュアが入っています。これに派手な改造を加えるのではなく、フィギュア改造の初心者でも充分できそうな範囲で作り方をまとめてみたいと思います。とはいえ、ぜひ知っておいていただきたい方法やコツもあるので、それらも交えながら解説していきたいと思います。フィギュアの改造は、思い切りと、最後までやり遂げる意志が肝心！　貴方だけのフィギュアをぜひ手にしていただきましょう。　■

ミニアート「GERMAN TANK CREW」のキット素組み状態。■装填手、■車長、■射手とする。■ドラゴンのⅢ号戦車F型に乗せてみるが、やはりそのままではジャストフィットというわけにはいかない。■今回、インジェクションフィギュアを改造して、車両に乗せた完成形。車両にしっかり「乗る」には、じつはいくつかのポイントがある。平凡な車両単品作品でも、フィギュアをしっかり乗せるだけで、グッと存在感も増す。まさしく効果絶大だ！

Essential knowledge and skills of creating military model figure. 63

▲キューポラが狭く、車長はまったく入り切れていない。

▲後ろから見たところ。肘が完全に空中に浮いている。

▲手の様子に注意。

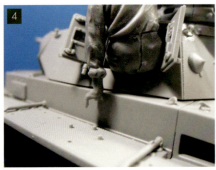
▲各ハッチは、真ちゅう線を通して可動するように組んだ。フィギュアとの合わせや塗装のことを考えると、多少手間は掛かるが、このほうが便利。

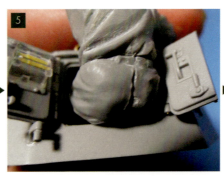
▲射手のデカイお尻の様子(笑)腕や手は完全に合わないので、先ずは、お尻を基点に車両にマッチさせる。

▲下から見たところ。キットにも元々窪みがあるが合わない。

▲油性ペンでマーキングした部分をルーターや彫刻刀を使って彫り込む。少し躊躇するかも知れないが、思い切って削ろう！ 肝心なのは、お尻がちゃんと沈み込んで車両と密着している様に仕上げること！

▲射手の左腕は真ちゅう線と木工用エポキシパテを芯に新造することにした。注意してほしいのは、左肘がハッチに密着しているところ。ここを仕上げまで活かす。

▲削り過ぎの調整は、プラ板やランナーの細切りを貼り付けて行なう。

▲パテで座りを合わせているところ。エポキシパテが合わせやすいが、時間短縮のため、今回はポリエステルパテで合わせる。ポリエステルパテはプラスチックを侵す恐れがあるので、マスキングテープを張った上から、ポリパテを盛った。作業前に離型しやすい様にメンソレータムを塗る。

▲装填手の背中を削り込んでいるところ。今回使った3体のフィギュアは、どれも猫背で背中が丸く、尻がデカイ。単にイメージの問題かも知れないが、私の思う精悍なドイツ兵とは、少しかけ離れている感じだ。イメージ優先で、背中とお尻、腰辺まで、3体ともどんどん削っちゃうのだ(笑)。

▲射手の背中。シワをシャープにしたり、削り過ぎてモールドがなくなったところをヤスリで整えているところ。

64　Essential knowledge and skills of creating military model figure.

▲WAVEの特殊形状ダイヤモンドヤスリの丸と三角(先曲)を使用。

▲仮止め用にねり消しゴムなどを使い、全体のポージングや首、腕などの角度を調整し、最終的なポージングを徐々に固めていく。しっかり戦車に乗せる重要なキーポイントは「ケツの座りと肘の位置」だ！ここが浮いてしまうと、車両とのフィット感が薄まってしまう。

▲ポーズが決定したらフィギュアの各部を接着固定し、単体としてのポーズを決定する。その上で、フィギュアと戦車をしっかり真ちゅう線で仮固定するため、ピンバイスでフィギュアの肘を中心とした腕部分から車体までをピンバイスを使って穴を貫通させる。

▲装填手、射手ともに戦車まで突き通した穴に真ちゅう線を通し仮固定。その状態で指先などのモールドなどを仕上げる。

▲車長の横顔(キット素組み)。顎が上がっているので、引いて凛々しい感じにする。

▲顎の下に切込みを入れる。

▲不要ランナーを接着し塗装のことを考え、頭は別パーツ化しておく。

▲頭と胴体との合わせを確認。これで顎が引かれ精悍な感じに、背中も丸まっていたので削った。

▲エポキシパテを使って、両腕をキューポラとハッチに密着させる。顔はエポキシパテで好みの顔にしている。

▲キットのままでは下半身が太く表からキューポラに収まらないので、収まる様に整形している。

▲大戦初期に使われた角形ゴーグルをエポパテと板オモリから製作。

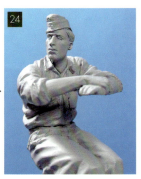
▲鼻と目の間の窪みをヒートペンで再現。眉丘も軽く押さえ、眼つきを鋭く修正。

▶なかなかよい感じにまとまった塗装前状態。

Essential knowledge and skills of creating military model figure.

既存フィギュアキットをベースにした ポージング変え改造方法

既存のフィギュアを使いながら、大胆に手足を間接からポーズ替えし大幅にイメージを変えてしまう方法を紹介します。これはまさにパズルというか柔軟な発想とイメージの力が試される工作と言えるでしょう。

製作・文／高木直哉
Modeled and described by Naoya Takagi

■ソビエト現用歩兵 アフガン戦争
タミヤ(ICM) 1/35 インジェクションプラスチックキット
MODERN SOVIET INFANTRY
TAMIYA (ICM) 1/35 Injection plastic kit

作品を引き立てるフィギュアの重要性

フィギュアを車両に添えるだけでスケール感はぐっとアップします。さらにそのフィギュアが車両と上手くフィットすればリアル感やストーリー性は一層高まります。この車両とフィギュアのフィット感を出すもっとも効果的な演出方法は、なんといってもフィギュアが車両に触れているとか車両の上に乗っているとか接点を持たせることでしょう。ただ多くの場合フィッティングのために腕や足のポージングを変更する必要が生じますし、変更した部分をパテ処理するなど多少の改造をおこなうことが求められます。面倒くさい作業に思われるかもしれませんが、この作業が作品のレベルを確実に上げることは間違いないですし、オリジナリティーにもつながることとなります。「シワはクロスしない」・「シワの峰は波打たない」などなどいくつかの点に注意すれば、決して難しい技術ではありません。なんせ実際の服のシワは同じように身体を動かしてもさまざまに変化するもので、車両工作のように正解はひとつではありませんからある意味「お気楽」です。躊躇されてる方がおられたらぜひチャレンジしてみてください。

じつは第二次世界大戦専属モデラーのため現用車両(戦後車両)は作った経験が乏しく、今回用いたトランペッター製BTR-60の評価に窮してますが、そんな無知な私でもサクサクと組めるすばらしいキットでした。ただパーツ数でいうと圧倒的ウェイトを占めるサスなどの足周りが、タイヤを履かせるとほとんど見えなくなるのがちょっと残念。これってキットの問題ではなく、実車の問題なんでしょうが。(笑)

▲キットの各フィギュアを素組みし、1体ごとの改造イメージと配置を考える。

▲赤ペンで改造のためのカットラインを定める。

▲先のラインに沿って薄刃ノコギリで切断。真ちゅう線でパーツをつなぎ直しポーズを固定したあと、隙間をパテで整形。極めてスタンダードな改造。右半身は一切無駄な改造はせずキット造形のよさを活かした。

◀フィギュア7体およびロバと犬の改造工作を終え、車上に仮置きした状態。兵士は「両足と手すり」・「お尻および左手と車両上部」の接点を確実にフィットさせることで、より自然な坐り方に見えるよう注意した。その塗装後完成状態(右ページ写真)。イマジネーションと大胆な改造のおかげで元の姿がわからないほど変化したフィギュアたち。

Essential knowledge and skills of creating military model figure.

■ソビエト軍BTR-60PA装甲兵員輸送車
トランペッター 1/35 インジェクションプラスチックキット
Russian BTR-60PA
TRUMPETER 1/35 Injection plastic kit
Modeled and described by Naoya TAKAGI

▲もとは地雷探知機を使うポーズの兵士。手の造形を活かし単純に探知機を銃に変更。ヘッドフォンはそぎ落として耳をパテで作り直す。ほとんどのフィギアは車上に座っている設定予定のため、変化をつける目的で一体だけは膝立ちさせることにした。すっくと伸びた背中のラインを理由にこのフィギアを選出している。

▲「指さしポーズ」が小生大好物であるが、この力強い指さしポーズは長引くアフガン戦の疲労感演出に相応しくないと判断。敢えて指さしの腕を下向きにして、手にキット付属の双眼鏡を持たせてみた。因みにタバコの煙は女房の毛糸の帽子から調達。この古参兵の造形は秀逸でいちばん目を引く位置に配置した。

▲もとはイヤイヤするロバを引っ張る兵士からの改造である。正直7体の中でいちばんどう料理したらよいかに悩んだフィギアだ。悩んだ末にこのフィギュアも指の造形をそのまま活かし、水筒と銃を持たせることにした。右足と手すり、尻及び銃底と車体上面の3か所接点を作ったため、出来映えはイマイチだが調整に苦労した。

▲もとはロバを後ろから押すポーズの兵士。今回の改造はポーズ変更のみを基本としたが、1体だけは演出上操縦士を置きたいと改造することに。このフィギュアを選択したのは右手の造形がバッチを持たせるのに打って付けであったため。手だけで選ぶ？ と思われるかもしれないが、肢体よりも指の改造の方がむずかしいのだ。

▲すべてのフィギアがインジェクションとは思えない素晴らしいモールドと、味のあるポーズで納得のキットなのだが、この犬だけは完璧に左右対象のためかリアル感が足りない気がした。ということで、お座りさせるだけでなく首を少し傾げさせてみた。首は人だけでなく動物の表情をだす上でも大切だと思う。

▲もとは機銃掃射をおこなう兵士。素組み単体でも作品にできるくらいにカッコいい。が、この兵士だけを奮戦させるわけにはいかないため負傷兵にしてみた。手をクロスさせ首を少し起こしただけの小改造だがまったく別イメージになるからポージング変更はおもしろい。変化をつけるためバンダナを被らせてみた。

▲打ち合わせで「ロバも乗っけましょうか!?」と冗談半分にいうと、編集部金子氏が「食糧にするのか運搬に使うのか、牛を乗せた車両の画像を見たことがある」とまじめにおっしゃるんで、本気で乗っけることに。犬同様に首を持ち上げ尻尾を振って足掻くポージングに変更しロープで縛りつけてみた。哀れ……。

▲もとは銃を構える兵士。足腰を折って着座状態にし、いまにも発砲しそうな体勢からリラックスした自然なポージングに変更。因みにこのキットのフィギュアはパーツ分割の関係からか素組みだと全員首が短い気がする。首を少し長くし、顔の向きを調整して表情をつけるとカッコよくリアル感が高まる。

Essential knowledge and skills of creating military model figure.

竹 一郎氏の作品に見る 匠の技で作られたヴィネット

趣味の世界である模型製作のアイデンティティは、モデラー本人が楽しむことである。しかしそれだけでは説明のつけられない、突出した芸術的作品を作り上げてしまうモデラーが稀に存在する。竹 一郎は"人物"を作り出す匠である。まるで命を吹き込まれたかのような氏の作品は、フィギュア（ものの形）ではなく、"人物そのもの"を作っていると言っても過言ではない。そんな匠が、今回の付録キットのフィギュアの原型を製作。さらにそのフィギュアを使用したヴィネット作品も製作した。

製作・文／竹 一郎
Modeled and described by Ichiroh Take

竹 一郎
Ichiroh TAKE

航空機模型誌『スケールアヴィエーション』に発表した一連の作品や、ハセガワの1/48「フォッケウルフ Fw190A-5 "グラーフ"」に付属するパイロットの原型製作などが注目されているが、1/35のAFVダイオラマも数多く手がけている。なかでも日本軍を題材とした作品に登場するフィギュアは、当時の日本人が小さくなってそこに現れたかのような存在感を放つ。またフィギュアだけでなく、車両やベースの作り込みの高さにも定評がある。

Essential knowledge and skills of creating military model figure.

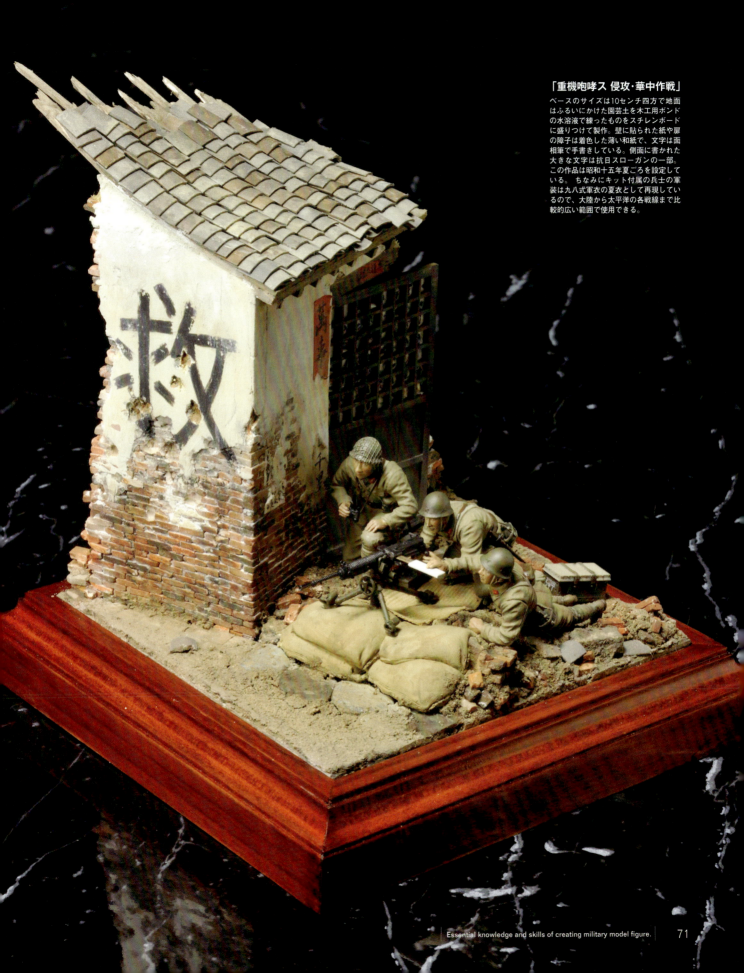

「重機咆哮ス 侵攻・華中作戦」

ベースのサイズは10センチ四方で地面はふるいにかけた園芸土を木工用ボンドの水溶液で練ったものをスチレンボードに盛りつけて製作。壁に貼られた紙や扉の障子は着色した薄い和紙で、文字は面相筆で手書きしている。側面に書かれた大きな文字は抗日スローガンの一部。この作品は昭和十五年夏ごろを設定している。ちなみにキット付属の兵士の軍装は九八式軍衣の夏衣として再現しているので、大陸から太平洋の各戦線まで比較的広い範囲で使用できる。

リアルなフィギュアではなく 1／35の"人"そのもの

解説／ローガン梅本

　モデラーはリアルなものを作りたい。これに異論を唱える人はいない。でも何がリアルかということになると個々人の主観が入ってくるので、簡単には決められない。
　リアル追究の主流は実物の細部を限界まで忠実に1／35で再現することだ。ただ戦車の工作精度を上げてゆくリアルは作者が説明しないと、第三者にはわかりにくい。対極にあるのが生命感のあるフィギュア。どんな人にも問答無用でわかりやすいリアルだ。戦車の工作は少々雑でもリアルな「人」が乗っていると、子連れの主婦が見ても「これすごい」ってことになる。戦車や九二式重機関銃の本物を知っている人はほんのわずか。だからどんなによくできていてもわからないし、ちょっと変でも気づかない。でも「人」は毎日見てる。どんなに戦車が精密にできていても、フィギュアが不自然だとすべてが台なしになっちゃう。
　ただ元来、戦車が作りたくて模型をはじめた人がフィギュアに時間と手間を費やすってのは本末転倒だよね。そういう人にこそ使ってほしいのが竹さんのフィギュア。出来がいいフィギュアというよりは1／35の人そのもの。ローガンのように雑な塗り方でも、ゾリゾリ切り刻む乱暴な改造をしても、ここまで基本がいいとわりとよく見えるからスゴイ。■

▲エポキシパテは、タミヤの高密度タイプと速硬化タイプを同量ずつ混ぜて使用。原型も主にこのパテで製作している。

▲成型の都合で甘くなったアゴひものモールドは、いったん削り落としてエポキシパテで再生した。

▲すき間が生じた部分はエポキシパテをつめて修正。

▲道具は主に先を鋭く削った竹串で、パテが付いてベタつかないよう水に濡らしながら使用する。

▲服の縫い目のモールドを再生する場合などは雲母堂本舗のエッチングライナーソーを使用した。袖口などは小さな平ノミで彫り込んでいる。

▲分隊長の鉄帽にはティーガーI用エンジングリルのエッチングパーツを使って擬装網をとりつけた。本来日本軍では鉄帽の形にあわせて編まれた専用のものを使っていたので、いずれはその再現に挑戦したい。

▲靴底にはタミヤ1/35 III号突撃砲G型から、フェンダーの滑り止めをそぎ取って移植し鋲を再現。小さな凸リベットやボタンを作りたいときにも重宝する。組み立て作業が完了したら、明るいグレーを吹いて表面処理などをチェックする。

▲塗装作業ははじめに全体にツヤ消しホワイトを軽く吹きつけて、発色のよい下地を作る。

▲次に塗膜を薄くすることができるエアブラシで大まかに塗りわける。軍服はオリーブドラブ(2)、ツヤ消しホワイト、黄土色を混色したものを基本色としている。基本塗装は肌、衣服ともにやや明るめに調色している

▲面相筆で頬の赤味やヒゲの跡など、肌の色あいに変化をつける。

▲肩や瞳の細部を描き込む。アゴの下など暗い影には、単に焦げ茶色を塗るのではなくグレーや緑を少し加えると、より自然な仕上がりとなる。

▲基本的な塗りわけができたら、衣服の部分を中心に薄めたフラットベースを吹き付け不自然なツヤを消す。顔部分はラッカー塗料のツヤを活かしている

▲乾燥後アクリル溶剤で薄めたアクリルガッシュをウォッシングの要領で塗り、全体の色調を整え凹部の陰影を強調する。アクリルガッシュはラッカー系の下地を侵さず、乾燥後完全なツヤ消しとなる。ツヤが消えてしまった皮革や金属の部分をタッチアップし、さらにモールドを強調したい部分に薄めたエナメル塗料でスミ入れして塗装完了。

原型師自らが作例を製作

九二式重機関銃はあらゆる戦場で使用された日本軍を代表する機関銃であり、きわめて重厚な形状には特異な魅力があります。インジェクションキットでは今号に付属するピットロードの製品がおそらく初のモデル化であると思いますが、キットはプラスチックモデルの限界ともいえる非常に精密な仕上がりで、弾薬箱や照準機器といったアクセサリー類が充実しているのもうれしいところです。

フィギュアについて

原型製作を担当させてもらったフィギュアはキットレビューの意味もあり、射手の膝をベースに合うよう多少角度を変えたくらいでポーズ自体は大きく改造していませんが、機関銃を握る手や保弾板を掴む手がしっかりとフィットするよう充分に仮組みしました。

フィギュアの塗装は堅牢な塗膜と乾燥の速さが筆者の性に合っているMr.カラーを主に使用しています。ちょっと悩ましい陸軍の軍服の色ですが、時期や材質の違いなどにより実際さまざまな色のものがあったようなので各自のイメージに合った色で塗ればよいと思いますが、部分によって色調に変化を与えると見栄えがよくなると思います。肌の色はコーカソイドに使うフレッシュにくらべ褐色やオレンジ系の色味を強くしたものを用意しました。

資料について

九二式重機の情景を製作する際非常に参考になるのが故中西立太先生の名著『日本の歩兵火器』(大日本絵画刊)で重機の射撃姿勢や陣地の構築方などが詳細に図解されていて、最良の資料といえるでしょう。

また戦前の映画『土と兵隊』にはさまざまな陸軍の火砲(勿論本物)が続々登場し、高い資料的価値があります。特に重機の射撃により敵兵の立て篭もる民家がどんどん崩壊していくシーンは大変な迫力です(素人目にも発射速度が遅いのがわかりますが……)。戦後の娯楽作品のような派手さはありませんが、映画としても黙々と続く兵の歩みのなかに彼らの哀歓が表れておりいい作品だと思います。 ■

Essential knowledge and skills of creating military model figure.

当時の中国の民家の資料は毎日新聞社の『一億人の昭和史 日本の戦史』各巻を参考にした。また色味はオリンピック関連の再開発で取り壊される北京の旧市街のニュース画像なども参考にした。

▲原型製作時に描いたアイデアスケッチ。ポーズについてはビルマ戦線で撮影された写真をもとにしている。

▲建物のレンガは石膏で自作している。エバーグリーンのプラ材で型枠を作り、アクリルガッシュで着色した石膏を流し込んで量産した。ガッシュは混ぜすぎるとうまく硬化しなくなる。また、型には離型剤として薄めた中性洗剤を塗っておく。

▲硬化後、裏からハンマーでたたいて型から取り外したレンガをさらにガッシュで着色する。ランダムに塗装した方がリアルに仕上がる。

▲壊れた民家はスチレンボードで作った芯に自作のレンガを木工ボンドで貼り付け、さらに石膏で外壁を盛り付けて製作した。石膏は硬化後、当て木をしたサンドペーパーで表面を平らにしている。

▲屋根瓦は厚手の和紙でできたハガキを切り出して一枚ずつ自作。

▲デザインナイフの柄に当てながら丸めたあと、GSIクレオスのMr.カラーでしみ込ませるように着色した。

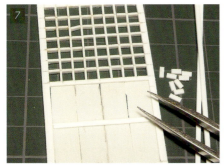
▲扉はエバーグリーンのプラ材を組み合わせて製作。デザインナイフの先や粗い耐水サンドペーパーで木目のモールドを入れておくとリアルに仕上がる。

▲障子には薄手の和紙を貼っている。壁に貼られている紙も着色した和紙で製作。文字は面相筆で手書きした。

Essential knowledge and skills of creating military model figure. | 77

エアブラシで陰影表現を行なう その1

フィギュアの塗装に使用される塗料はモデラーによってさまざまですが、どの塗料を使ってもシェードを強調して塗るという目的は変わりません。フィギュア塗装はいかに陰影の強調をするかが醍醐味のひとつでもあるのです。しかし、ハイライトとシェードをどこに入れるか、また陰影のグラデーションをキレイにつけることはビギナーにとって難度の高い作業に感じるかもしれません。そこでここではエアブラシを併用する簡単な陰影の表現法を紹介します。

製作・文／頑固者1967
Modeled and described by Gankomono1967

▲今回はシワが大きく説明しやすいコート姿のドイツ兵を例に紹介する。このフィギュアはアーマーモデリング2014年10月号（通巻180号）で紹介したⅣ号戦車のダイオラマ作品の主人公として登場している。

戦車模型でお馴染みの……

この技法を見て戦車模型のある技法と似ている、もしくは応用編？と思った読者もいるだろう。じつはアーマーモデリング本誌でも紹介した「ブラック＆ホワイト」技法がまさにこの塗り方に準ずるものとなる。技法としては予め黒と白で陰影を付けた上からごく薄めた基本色で色を付けていく点で同じだが、ここでは透過性がアクリル塗料より高いラッカー塗料を使うことでその効果を高めている。また、フィギュアは光源が天面に決まっているので、車両ほど光源に悩まなくてよい。

ホセ・ルイス・ロペス氏が考案した「ブラック＆ホワイト」技法はその合理性のよさからたちまち全世界に広がり、専用塗料まで発売された。今回はその技法のフィギュア応用編だ。

▲ガイアノーツのサーフェイサーエヴォ ブラックを全体に塗装。下地処理と黒立ち上げの効果を同時に得られるのでオススメ。このときキズや合わせ目の処理不足があれば修正する。

▲ハイライトになる部分を中心に、隠蔽力の強いガイアノーツのフラットホワイトをほぼ上面から0.2mmのエアブラシを使い塗装した。装備品の影になる部分は斜め上から狙って吹く。

Essential knowledge and skills of creating military model figure.

▲エアブラシでは表現しきれなかった部分や、ハイライトを強調したいシワの凸部に同じくガイアノーツのフラットホワイトを筆にて塗装する。このときはクッキリ塗ってもOK。

▲4〜5倍に薄く希釈したラッカー塗料を全体に吹きつける。画像は1回目。一度に色をつけてしまうのではなく、薄っすらと色付く程度を繰り返す。

▲およそ3〜4回の塗り重ねでこの濃さになる。吹き過ぎてしまうとせっかくの明暗がなくなってしまうので、必ずその都度目ハイライトの残り具合いを確認しながら行なう。

▲すべてを塗装し終わったらフラットクリアー＋フラットベースを吹きつけツヤを完全に消す。ここのみ、タミヤアクリル塗料を使用した。

▲筆で陰影を表現するよりかは短時間で作業が進み、ダイオラマなどで多くのフィギュアを登場させるときにも効率よく塗り上げられる方法だ。とくにコート姿のドイツ兵など、シワの流れが大らかな軍装は筆でのグラデーションではムラが出やすく、この技法が効果を発揮する。

完成！

Essential knowledge and skills of creating military model figure.　79

エアブラシ陰影表現技法で仕上げたヴィネット作品

ここでは前ページで紹介したエアブラシでの陰影表現技法で塗装されたヴィネット作品をご覧頂こう。どのフィギュアも少ない工程で鮮やかなグラデーションがかかっていることに注目いただきつつ、単品作品でも充分に主役級になってくれるこの技法のポテンシャルの高さも見ていただきたい。

▶まずは装備品などが付いていないラフな格好のフィギュアで試してみるのもいいだろう。タミヤの「ドイツ歩兵 自転車行軍セット」に付属している立ちポーズのフィギュアを使用し、サイドカーのドライバーとして製作。筆塗りではむずかしい、滑らかなグラデーションがかかっている。

◀同じくタミヤからは名作、ドイツ軍用オートバイ 野戦伝令セットから進路を指し示す野戦憲兵をチョイス。ほかのフィギュアと比べて細いシワが何本も入り、細いグラデーションはむずかしい作業でもある。しかし今回紹介した技法であれば一度白いハイライトを入れておけばあとはエアブラシでの作業になるのでグッと難易度も下げることができる。

グラデーションをより簡単に

　私がダイオラマ製作を始めたころ、多くの作品を見るなかでフィギュアの重要性を痛感しました。いくら車両の製作がすばらしくても、それに付随するフィギュアが中途半端な仕上がりではなんとも寂しい作品となってしまいます。いかにリアルにフィギュアを仕上げるか？と模索する中、今回紹介する塗装法に行き着きました。この塗装法は、ラッカー塗料の隠蔽力の低さを利用し、黒く塗った下地（黒立ち上げ）に予めハイライト部に白を吹き付けてコントラストを付けておく事で、明暗の表現が行ないやすいのです。また、ハイライトやシェードを調色したものを直接吹き付けた時よりグラデーションがマイルドに表現されるのが特徴です。最近流行っているブラック＆ホワイト塗装法に近い技法でしょうか。フィギュア塗装は本当に奥が深く、これからも画期的な技法が出てくることかと思います。これからも新たな技法が生まれてくることを期待したいですね。

■ドイツ歩兵 自転車行軍セット
タミヤ 1/35 インジェクションプラスチックキット
■ドイツ軍用オートバイ 野戦伝令セット
タミヤ 1/35 インジェクションプラスチックキット
■ドイツ歩兵 迫撃砲チームセット
タミヤ 1/35 インジェクションプラスチックキット
■第352国民擲弾兵師団 兵士（改造）
ドラゴン 1/35 インジェクションプラスチックキット
製作・文／頑固者1967

◀▼▶タミヤのドイツ歩兵 迫撃砲チームセットから、指揮官をチョイス。腕を小改造して使用した。ステッチ際やポケット端などにもハイライトを入れておくことで、軍装のディテールがより強調されていることにも注目。

エアブラシで陰影表現を行なう その2

フィギュア塗装はいかに滑らかに、陰影のグラデーションを付けるかで仕上がりが決まると言っても過言ではない。そんなグラデーションはエアブラシを使うと簡単に付けることができ、後の仕上げの筆運びが楽になる陰影のガイド作りもできる。そんな一石二鳥な方法を吉岡和哉氏に解説してもらう。

製作・文／吉岡和哉
Modeled and described by Kazuya Yoshioka

陰影を塗るガイドを吹く

▲はじめにアクリル塗料のフラットブラックで全体を塗装する。そのあと、ハイライトとシェードの部分を分かりやすくするため に写真のように光源の方向からシワの尾根に基本色を軽くひと吹きする。

▲写真の状態は少し影の部まで基本色が回ってしまっているが、ハイライトの部分から基本色を吹き付けていき、トーンを徐々に落としてシェードの部分(下地に吹き付けたフラットブラック)に馴染ませる。このときコンプレッサーの圧力を調節できるなら低めに設定しておく。

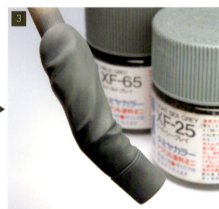
▲基本色を吹き終わった状態。今回使用した基本色はアクリル塗料のフィールドグレイとライトシーグレイを混色したものを使用。

▲基本色が吹き終わった状態を見るとシェードの部分にフィールドグレイが回り込んで全体的にぼやけた仕上がりになっている。そこでシェードの部分に影色を吹いてメリハリを出す。影色はフラットブルーにフラットレッドを混色した紫色に、フラットブラックを少し足してトーンを下げた色を使用した。

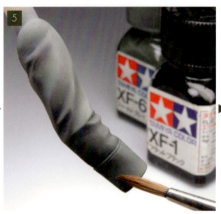
▲ここからエナメル塗料の筆塗りで仕上げる。フラットブラックにフィールドグレーを足して影色を混色する。この影色はうすめ液で薄めてシワのいちばん深い部分を中心に筆で塗り重ねていけば影が徐々に深みを増していく。

▲シワの尾根を中心にフラットホワイトにフィールドグレーを混ぜたハイライト色を筆塗りし、基本色のトーンの幅を広げる。この色もうすめ液で薄めに溶いたものを塗り重ねていく。最後に筆ムラが気になる場合は工程1で使用した基本色を薄く吹いてやれば、目立たなくなる。

ウェザリングでもエアブラシを併用

▲タミヤアクリルのバフを、膝から下はカーキを吹き付ける。下にいくにつれ濃く吹き付ける。

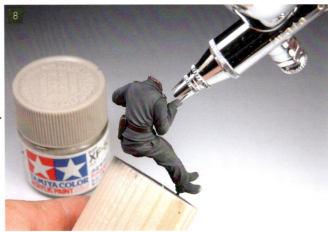

▲ドイツ軍戦車兵のような黒服は汚れが目立たない。そのような暗い服は薄めたバフを上から吹き付けて埃汚れを再現すると見映えがよく仕上がる。

▲湿った泥汚れはカーキ+オリーブドラブ+フラットブラックの混色をシェードを吹く要領で再現する。さらに湿った裾周りはフラットブラックを足した色を吹き付けると雰囲気が増す。

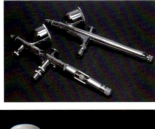

▶使用するのは上がノズル口径0.3mm（クレオスPS-264）、下がノズル口径0.23mm（アネスト岩田のCM-CP）。ノズル口径が細く性能の良いものなら、トーンの幅のコントロールも自由自在に再現することができる。

▲ピグメントを併用すると質感が高められる。

▶ハイライトを入れる要領で埃色、シェードを入れる要領で泥色を吹き付けると立体感を強調しながらウェザリングが行なえる。

Essential knowledge and skills of creating military model figure.

「アクリジョン」を使った レイヤー塗りで仕上げる

GSIクレオスより発売中の「アクリジョン」は、水性で有機溶剤臭なく安全性が高いのが特徴だ。本ページでは、そんな新水性カラーの特性を最大限に活かしたフィギュア塗装法を太刀川カニオ氏が紹介。アルコール水溶液を使って希釈するというやや変則的な使い方になるが、色を薄く塗り重ねていく「レイヤー塗り」との相性が抜群なのだ。

製作・文／太刀川カニオ
Modeled and described by Canio Tachikawa

◀GSIクレオスのアクリジョンは従来の水性塗料の弱点だった乾燥時間の遅さ、塗膜の弱さ、有機溶剤臭などを改善。格段に使いやすさが向上した水溶性の塗料だ。

希釈した隠蔽力の弱さが強み

GSIクレオスのアクリジョンは同じアクリジョンで塗った下地であってもちゃんと乾燥させれば、色水のようにシャバシャバに希釈(水1：アルコール1のアルコール水溶液で、3〜5倍に薄める)した塗料を上塗りしても下地を泣かすことなく薄っすら色を付けることができます。また、セロハンを重ねるように薄色の塗膜を重ね、塗りの境界線をずらしていくことでグラデーションを掛ける、いわゆる「レイヤー塗り」が可能です。さらに希釈したアクリジョンは隠蔽力が弱いので下地を透かしやすく、シミを作り難いのでこの作業が安心してできます(一方でブレンディングには不向き)。レイヤー塗りの際にできてしまった上塗りのシミや塗り過ぎた塗料の除去は完全に乾燥してしまう前にアルコールを含ませた筆で行ないます。アクリジョンの専用薄め液では下地を侵してしまうのでNGです。　　　　■

▲今回は原色系をもとにすべて調色するので、塗りやすい配色の軍装で塗装の効果を示すために平均的な造形の立ち姿のものを選択。

▲塗料1：アルコール水4：専用薄め液2くらいに希釈したマホガニーを下方からエアブラシで吹いて影になる部分を塗る。

▲同様に希釈した白をライティングを意識した上斜め方向から吹く。下地がそのまま出るので希釈したアクリジョンの弱い隠蔽力を考え、白い部分3：2程度で多めになるようにする。

▲目などのこまかい塗り分けは希釈しすぎると隠蔽力が弱く、狙っているうちに筆が乾いてしまうので筆先で原液とリターダー効果のある専用薄め液を軽く混ぜて乗せる感じで塗る。

▲マホガニーで最陰部を塗る。この時もやや濃い目とするが、専用薄め液での希釈は粘りが出てしまうのでアルコール水で希釈。

▲塗料1：アルコール水4くらいに薄く希釈した基本の肌色を数回に分けて塗る。工程5の最陰部との境界線はオーバーラップさせる。

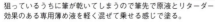

▲同様の希釈の肌色＋オレンジを中間部分に塗る。一度に色をつけようとせず数回に分けて徐々に色を着けていく。塗り分けの境界をズラせばグラデーションが掛かる。

▲同様に肌色＋赤を頬、鼻周辺、耳など赤味を強くしたい部分に乗せていく。

▲同様に肌色＋白を鼻の頭、頬の頂点、顎先などハイライト部分に載せる。

▲工程6〜9を繰り返し色の境界が自然になるように調整して顔はほぼ完成。このあと最後に薄く希釈した青で髭表現を加える。

▲色分けが大胆過ぎた、あるいはグラデが掛けにくいなと思ったときは、塗り分けてから5倍希釈くらいの薄い肌色を全体に一様に塗ることで、このように全体をマイルドにボカすこともできる。

▲5倍程度に希釈した上着色を上着全体に一様に塗る。画像では実際の陰影と重なって見づらいが隠蔽力が弱いためエアブラシでつけた下地の濃淡が透け、それだけでも陰影のついた塗装となる。

▲上着色に白を加えた塗料をハイライト部分に。ゴム編み部には同様の希釈マホガニーのスミ入れで表現。アクリジョンは薄く希釈した塗料でも下地を侵さないのでこうした表現も容易にできる。

▲ズボンも同じ要領で下地を透かして塗装。上着と同様に薄く希釈した塗料を一様に塗っただけで陰影の表現が可能。

▲ズボン色に白を加えたものでハイライトを、黒を加えたもので最暗部をフォローして全体の濃淡の幅を広げると立体感が増す。最後はアクリジョンのツヤ消しクリアーでトップコート。このツヤ消しクリアーは完全にツヤが消えるが白化しやすい。白化したところはタミヤモデリングワックスで軽くなでるとツヤを戻せるので、部分ごとにツヤを調整して素材感を演出して完成。

(写真右) アルコール水溶液で希釈し、レイヤー塗りで塗装。レイヤー塗りに関してはどの塗装よりもマッチし、仕上がりは既存の塗装法にもまったく引けを取らない。
(写真左) ちなみにスミ入れもアクリジョンによるもの。同系統の塗料を重ねても、完全乾燥すれば下の塗膜が泣かないというのもアクリジョンの強みである。

Essential knowledge and skills of creating military model figure. 85

水性アクリルでTTsKo迷彩を塗装する

水性アクリル系塗料のなかでも、比較的フィギュアの塗装に向いているのがファレホ社の塗料です。筆への含みや塗料の延びがよく、さらに隠蔽力も高いので、筆塗りに最適です。さらに、エアブラシ専用の塗料も発売されているので、使用する環境を選びません。

製作／小只理太
Modeled by Rifuto Otada

■BTR-80 装甲兵員輸送車
／連邦軍特殊任務部隊フィギュア　特別限定セット
／モノクローム　1/35 レジンキャストキット
／インジェクションプラスチックキット
Russian BTR-80 APC w/Figure
MONO CHROME 1/35 Injection plastic kit/Resin cast kit

製品化ラッシュが続く現用ロシア車両のお供に

現用ロシア兵の装備は1990年ごろを再現しているので第一次チェチェン紛争あたりによく見られたTTsKo迷彩のグリーン系で塗りました。ロシアはその広い国土からさまざまな地形や環境が存在し、それに対応するための多数の迷彩服がありますので違うパターンで塗るのもおもしろいでしょう。

組み立てですが、レジン製なので離型剤を落としておきます。中性洗剤でもいいのですが自分は入れ歯洗浄剤（ポリデント）を使っています。そのあとは接着に瞬間接着剤を使う以外はインジェクションキットと作り方は同じです。

塗装はいつもどおり黒く塗装してから白で立ち上げ、陰影をつけます。そこからファレホアクリルを筆で薄く塗り重ねて仕上げました。迷彩パターンは実際より気持ち大きさに陰影を抑えると雰囲気が出ると思います。塗り終わったらツヤ消しでコートし、革などはサテンバーニッシュで少しツヤを出し、金属部分をメタリックカラーで塗ります。小銃は鉛筆でこすって鈍い光が出るようにすると質感が増していいアクセントになります。

次々と現用ロシア軍の車両が製品化されていますが、現用ロシア軍に限らず車両と絡めるフィギュアの製品化を期待しますね。このフィギュアも車両の横に置くだけで違った作品になると思います。

これからのフィギュアは3Dスキャンしたものを立体化した製品が増えていくはずですがそれぞれの良さがあると思います。たとえるならアナログ造形やデジタル造形は「絵画」で3Dスキャンは「写真」ですね。　■

◀モチーフとなったのは1990年代初頭の第一次チェチェン紛争でみられたロシア連邦軍の特殊任務部隊の隊員。K6-3ヘルメットに6b5ボディアーマー、AKS-74を装備した姿となる。今回、特別限定セットとしてBTR-80のキットに付属して発売されたこのフィギュア、はチェチェン紛争に出動したT-72B/B1やT-80BV、BMPなど主要な現用ロシア車両にも組み合せることができる。車両キットが続々と発売されるわりには意外と選択肢が少ない貴重な現用ロシア歩兵として活躍してくれる1体であろう。

▲塗装に入る前に一旦黒で塗りつぶしてから上面から白を吹き付けます。迷彩服は陰影がわかりにくくなる(それが迷彩効果ですが)のであらかじめ陰影をつけておく。

▲次にボディーアーマーを塗る。薄めた塗料を筆で塗り重ね、陰影を強調する。

▲迷彩服を塗り込む。迷彩服を塗るときはいちばん面積が多い色、もしくはいちばん明るい色を最初に塗る。その方が後の作業が楽になる。今回はタン色をいちばんさきに塗装した。

▲グリーンの迷彩パターンを描く。資料をよく見ながら気持ち大げさに表現すると見栄えが良くなる。

▲同じようにブラウン色のパターンを描き込み。違うな、と思ったらこの時点で修正を加える。

▲薄めた塗料で陰影をつける。やりすぎると汚くなるので単色より抑え気味に行なう。

▲グッドスマイルカンパニーのスーパークリア0％を吹き付けてツヤを完全に消す。

▲サテンバーニッシュを筆塗りし、革など少しツヤと質感を出す。銃は鉛筆でこすって金属感を出し、接着する。

▲最後に細切りの紙でスリングをつけて完成。

今回はソ連末期から使われていて第一次チェチェン紛争でよく見られたTTsKo迷彩で塗装した。ロシアは広いのでさまざまな迷彩パターンがあり、今回のTTsKo迷彩は同じ軍装でもブラウン系やグリーン系などさまざまな色味がある。キットの解説図にも掲載されている実物の軍装は全体にブラウンがかったタイプのものであったが、今回はそれとは異なる森林の色味に溶け込むタイプを再現した。こまかい迷彩柄の再現や繊細なモールドを強調するための陰影表現が付けやすい水性のファレホアクリル塗料で塗装した。左は使用した塗料と迷彩柄の拡大図。ファレホを使った際の基本色の参考にしていただきたい。なお、キットの説明書には原寸の1/35に縮小された迷彩柄が印刷されているので、それの模様や色の分布も参考にしつつ、少し大きめに塗装した。

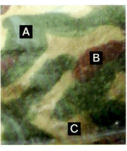   

A 074 インターメディエイトグリーン

B 143 フラットアース

C 115+120 カーキ+バフ

Essential knowledge and skills of creating military model figure.

ヴィネット作品で見る
アクリル塗料の特性

フィギュア塗装で外せないのが水性アクリル塗料です。おもに海外でフィギュア塗装に使う塗料として主流でしたが、その使い勝手の良さや仕上がりの良さから日本でも徐々に普及してきました。基本的な塗り方は先ほど紹介したエナメル塗料のように塗り重ねていく方法なのですが、ここではアクリル塗料で仕上げたフィギュア作品の仕上がりをクローズアップします。

製作／小只理太
Modeled by Rifuto Otada

■ファレホモデルカラー(各税別290円)
発売元／ボークス

ファレホアクリルは顔料のキメがこまかく、色数は選ぶのに迷うほど豊富にラインナップされている。また、ミリタリーフィギュアに特化したシリーズやセット製品も発売されているので、初心者なら色を迷わないそれらから揃えることをオススメする。

■ドイツ フィールドキッチン ランチタイム
リッチモデル 1/35
インジェクションプラスチックキット
GERMAN FIELD KITCHEN with soldiers LUNCH TIME
RIICH MODELS 1/35 Injection plastic kit

アクリル塗料でのグラデーションの付け方

フィギュア塗装に欠かせない表現であるハイライトや陰影の付け方は、塗料の性質ごとに異なる。アクリル塗料の場合は薄めた塗料を徐々に色を変え、なおかつ塗装する面積を少なくしていくことでグラデーションがかかっているように見せている。

▲フィギュアを拡大して見てみると、ハイライトやシェードがグラデーションで表現されているのではなく、描き込まれているものだということがわかる。要は光と影のレイヤーが階段のように重なっている状態。この描き込みによる階段がこまかければこまかいほど、グラデーションは滑らかに見える。

▲同じフィギュアを引いて見た状態。近づいてみたときに段階的に変わっていたハイライト、シェードのグラデーションが滑らかで自然に見える。重ね塗りに向くアクリル塗料ならではの塗り方であり、薄く塗り重ねて下地を透けさせるからこそできる技だ。

リッチモデルのフィールドキッチンセットはフィールドキッチン本体に加え、食事する将校2体と配膳し、配膳される兵士の2体と馬、鶏、猫の動物たちに加え、アクセサリー類も付属している。ミリタリーものではあるが、並べるだけで和やかな食事シーンが再現できる。華やかな色が多いヒストリカルフィギュアの世界でも、発色に優れたアクリル塗料は昔から好んで使われてきた。ミリタリーフィギュアでも、平和なモチーフのものには発色があざやかなアクリル塗料が似合う。

塗料が乾きにくい、湿式パレットの作り方

A 多くの色を使うフィギュア塗装は混ぜ合わせた色はなるべく長くキープしておきたい。そんなときは塗料が乾きにくくなる湿式パレットが便利。B トレーにキッチンペーパーと水をはり、C クッキングシートを乗せるだけで簡単に自作できる。

フィギュアのハイライトや陰影を塗るときにはうすめ液で塗料を充分に薄める、というのはエナメル塗料と同じ。ファレホの場合はうすめ液に水が使えるが、繊細なフィギュア塗装には不純物が混ざっていない「精製水」が塗りやすくオススメ。

薄めるには精製水がオススメ

▲シェードをフィギュアの凹部に塗ったときの断面図。だんだんと塗る面積を狭め、塗料を暗くしていくことで影の表現を行なう。影には基本色＋黒のほか、少量の青や紫を混ぜると影色らしくなる。

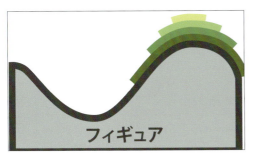

▲ハイライトをフィギュアの凸部に塗ったときの断面図。凸部の頂点に行くにしたがい基本色に白を混ぜて明るくしていき、塗る面積も狭めていく。ハイライトはシェードを塗ったときよりも若干薄めにした塗料で控えめに塗ることがポイント。ハイライトを多く塗ってしまうとメリハリが弱くなってしまい、全体的に白くぼやけた印象になってしまう。

塗り重ねることで深みが増す水性アクリル塗料

フィギュアの塗装ですが、私はまずエアブラシで一旦真っ黒に吹き、次に白を上から下に向けて吹きます。こうすることで自然な陰影がつきます。エアブラシではラッカーとファレホアクリルの両方を使うのですが、筆塗りの場合はほぼファレホアクリルを使っています。理由は塗料が乾燥した後は下地が溶けることがないので(タミヤのエナメル塗料では溶けますね)重ね塗りに適していることと、嫌な匂いがなく有機溶剤を使わないので安全性が高いところですね。ツヤが出にくいところもオススメできる理由のひとつです。ファレホは濃いめに調色されています。フィギュアの陰影塗装にはかなり薄めて使うので意外と経済的です。必要な分だけ中身を出せる容器もポイントが高いです。

基本色を筆で塗りますが、先ほどつけた陰影を消さないよう少し薄めに溶いたもので塗ります。水で薄められるのですがより繊細に塗るために、コンタクトレンズ用の精製水で薄めています。そのあと陰影をつけていきますが、その前につや消しを吹き付けておくと塗料の乗りがよくなります。自分は陰影をつける際ハイライト→シェードの順で塗ります。調合具合ですが基本色の溶き具合よりも薄め(下地が透けるぐらい)にして明るさを五段階ぐらい用意して面相筆で塗り重ねていきます。明るくなるにつれて塗る面積は狭くします。シェードも同様に塗りますが、ハイライトの時よりもさらに薄めに調合しています。

今回は将校と兵士の服の質感の違いを出すため将校の方は少し青みがかかった色にしました。兵士の軍服は大戦の後の方になると茶色味が強くなるのですが、作品は大戦中期のイメージなのでフィールドグレーで塗っています。すべて塗り終えたら一旦ツヤ消しを吹いて塗膜を保護したら革などの艶がある部分はサテンバーニッシュを塗って半ツヤにし、金属部分はメタリックカラーで塗り分けます。地面に接着するときはゴム手袋などを着用してフィギュアを直接手で持たないようにし、必ず真ちゅう線などで軸打ちしてベースに接着しましょう。 ■

オープントップの自走砲は戦闘中のシーンを再現したい

戦闘中はハッチを閉じて完全密閉される戦車と違って、オープントップの自走砲は乗員の姿が外から見える。オープントップ車両にフィギュアを絡めて情景を作るときに、この特徴を最大限に活かせるのが戦闘中のシーンであることは言うまでもない。狭い車内で戦闘中のポーズのフィギュアを作るのは大変だという印象があるかもしれないが市販のインジェクションフィギュアキットを使って、ホルニッセの対戦車戦闘シーンのヴィネットにチャレンジ。

■ドイツ自走砲兵セット Vol.2
トライスター 1/35 インジェクションプラスチックキット
■ドイツ自走砲クルー
ドラゴン 1/35 インジェクションプラスチックキット
GERMAN SELF-PROPELLED GUN CREW SET Vol.2
Tristan 1/35 Injection plastic kit
GERMAN SELF-PROPELLED GUN CREW
DRAGON 1/35 Injection plastic kit

■ホルニッセ対戦車自走砲
ドラゴン 1/35 インジェクションプラスチックキット
製作・文／上原直之
Sd.Kfz.164 HORNISSE
DRAGON 1/35 Injection plastic kit
Modeled and described by Naoyuki UEHARA

▲塗装前に一度車両に乗せてみてレイアウトの確認を行なう。塗装前に納得いくまで配置決めとそれにともなう修正を行なっておく。ここで手を抜くと完成後ストーリーがぼやけてしまうので、注意したい。

92 | Essential knowledge and skills of creating military model figure.

▲前方の状況を双眼鏡で窺う車長。

▲装填手は次弾を素早く込められるように砲弾を抱えて準備している。

▲照準手は狙いを定めるために照準機から目を離さない。

戦闘中のフィギュアは ポーズが決め手

　自走砲などのオープントップの車両で物語を作ろうと思ったら、やはり戦闘中を再現するのがいちばんカッコいいのではないかと思います。戦車と違って戦闘中の兵士の姿が見えるオープントップ自走砲では、緊張感のある戦闘シーンは完成後も作品が締まって見えると思います。ということで、今回はホルニッセ対戦車自走砲の戦闘シーンのヴィネットに挑戦してみました。

　ヴィネットのシチュエーションが決まったら、メインのフィギュア探しです。しかし、戦闘中のフィギュアはプラスチックキットでは数少ないのが現状だと言えます。そんななかで戦闘中の自走砲クルーがトライスターとドラゴンから発売されているので、今回はこれを使用する事にしました。トライスターのキットはどの車両用か謳ってはいませんが、双眼鏡を覗く車長や照準器に眼を当ててハンドルを操作する砲手はナースホルン（ホルニッセ）にぴったり合うように作られています。砲手は、車両を完全に組み立てる前に大砲に合わせておく必要があります。または、完成後も主砲を取りはずせるようにしておくと、最後にフィギュアを乗せやすくなります。装填手は砲弾を薬室に押し込んでいるポーズから砲弾を抱えているポーズに変更しました。このとき左肩が少し上がり気味になったので削って修正しました。変化をつけるためにこの装填手だけはヘルメットを被ったスペアヘッドに交換しました。しゃがんで砲弾をラックからとり出している兵士はドラゴンからの1体。キットはマーダーⅢ用ですが、右腕をキットのパーツを使い、左腕はエポキシパテで自作しました。このフィギュアは腰周りが若干細かったので、股の間にプラ板を挟んで腰を太くしています。

　狭い車両内にフィギュアを配置するのは難しく感じるかもしれませんが、それぞれのフィギュアが何をやっているかはっきりしていれば、迷うことなくレイアウトすることができると思います。もちろん、ポーズを決める段階での微調整は必要になりますが。

▲第2装填手はラックから8.8cm砲弾を取り出す。それぞれのフィギュアは基本的なポーズをしているので一見無難な場面にも感じられるが、そのオーソドックスな場面で緊張感を出すのが意外と難しいところでもある。自走砲のように、狭い車内でストーリーを展開する難しさとおもしろさを今回のヴィネット製作を通して感じた。

Essential knowledge and skills of creating military model figure.

車長

車長はジャケットをスプリンター迷彩にし、ズボンをオーソドックスなフィールドグレイで塗ってみた。少し腰を左に傾けているのでひじを戦闘室側面装甲板の上に乗せて、違和感が出ないようにしている。

▲キットをストレートで組んでいる。後々顔が塗り難くなるので、この段階では双眼鏡は接着しないでおく。

▲迷彩の基本色はタミヤエナメルのバフとデッキタンの混色。グリーンの部分はファレホの327番＋322番、ブラウンは183番＋322番を混色。縦に入る線は102番を使用した。

▲基本色を塗りわけた状態。この段階で水性ホビーカラーのつや消しクリアーを吹いて塗膜を保護しておく。

砲手

砲手は上着を黒服にし、ズボンをフィールドグレイで塗装した。主砲を車体に組み込んだ状態でシートに乗せたのでフィッティングにかなり苦労した。あらかじめ主砲を取り外して作業すれば難しい作業ではない。

▲砲手もストレート組み。ハンドルの位置に手がしっかりとフィットするように腕の微調整だけはあらかじめ行っておくとよい。

▲肌の塗装も、すべてファレホアクリル塗料で行っている。使用した色は015番、018番、136番、148番、343番。

▲サーフェイサーをエアブラシで吹いて下地を作る。表面をある程度ざらざらにしておくと塗料の食いつきがよくなる。

装填手1

装填手1は作業服を着ているので、上下ともフィールドグレイで塗装している。一体ごとに色味の変化をつけて単調にならないように工夫している。ジャケットをズボンの中に入れているのも服装に変化があってよい。

▲両腕以外はストレートに組んでいる。腕は同じキットのものをそのまま使用している。

▲ヘルメットを被ったレジン製スペアヘッドを使用した。左肩が上がり気味なのを削って修正。

▲▶作業服は青みがかったグレイにしてみた。使用した塗料はファレホ322＋336＋327＋061を混色。ヘルメットはアクセントをつけるため黒っぽく仕上げた。

装填手2

装填手2は上下黒のパンツァージャケットにした。箱絵ではフィールドグレイだが戦車猟兵の制服は基本的に黒服。ポーズは両腕以外はキットのままだが、腰周りだけ貧弱に見えたので少し太くしている。

▲ドラゴンの腕を使って仮組みを行ったが、腕が不自然になってしまったので、改造することにした。

▲右腕はトライスターのパーツを使い、左腕をデューロパテで自作した。頭部もトライスターのパーツと交換。

▲黒服はタミヤエナメル塗料を使用。基本色はフラットブラック+デッキタン、ハイライトはホワイト、影はフラットブラック。

▲砲弾をしっかり握らせるために、全体の塗装後に指をパテで作り直した。物をしっかり握らせるのは非常に効果的な作業。

▲パテの完全硬化後に塗装。この作業は先に服や顔の塗装を済ませてから行なうと、各部の塗装がやりやすい。

ホルニッセは基本的にはドラゴンのキットをストレートに組んでいます。戦闘中の設定なので、右側の砲弾ラックのみ開いた状態にして、履帯をモデルカステンに変更しただけです。塗装はすべてタミヤアクリル塗料を使用。基本色はダークイエローにフラットホワイトを混ぜ、少量のバフとデザートイエローを加えています。グリーンはオリーブグリーンにダークイエローと少量のフラットホワイトを加えました。ブラウンにはフラットブラウンにダークイエローを混ぜたものを使用しました。迷彩が完成したらデカールを貼り、水性ホビーカラーのツヤ消しクリアー（20番）をエアブラシで吹きつけコートしました。完全に乾いたら油彩のバーントアンバーをターペンタインで薄めてフィルタリングの要領でウオッシュしました。この作業はふき取る作業は行なわずに、薄めた油彩を何度も塗り重ねています。チッピングはファレホアクリル塗料で行ないました。使用した色は迷彩が剥げ基本色が露出した部分を116番+125番+001番、金属が錆びた部分を148番+150番を混色して描き込みました。最後にダークブラウンでシャドーを吹き、全体の色味を統一させるためにハンブロールのサンドを全体に吹きつけて完成です。

ベースは木製飾り台に、立ち上げ部分をベニヤ板で作りました。マホガニーのニスをスプレーしています。地面はスタイロフォームで傾斜をつけ、上からミラコンを盛りつけています。乾燥後リアルグラスや麻ひもをほぐし、程よくカットして植えています。地面の塗装にもファレホを使用しました。草の塗装にはハンブロールをラッカー溶剤で薄め塗装しています。最後にタミヤアクリル塗料のバフを草や地面にドライブラシをして完成です。■

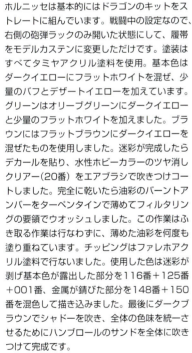

Essential knowledge and skills of creating military model figure.

知っておきたい
ミリタリーフィギュアの
はじめかた

Essential knowledge and skills of creating military model figure.

知っておきたいミリタリーフィギュアのはじめかた

編集　　石塚 真
　　　　アーマーモデリング編集部

デザイン　海老原剛志

発行日　2018年 12月29日　初版第1刷
　　　　2021年 5月8日　第2刷

発行人　小川光二

発行所　株式会社　大日本絵画
　　　　〒101-0054 東京都千代田区神田錦町1丁目7番地
　　　　Tel. 03-3294-7861（代表）
　　　　URL. http://www.kaiga.co.jp

企画・編集　株式会社 アートボックス
　　　　〒101-0054 東京都千代田区神田錦町1丁目7番地
　　　　錦町一丁目ビル4F
　　　　Tel. 03-6820-7000（代表）　Fax. 03-5281-8467
　　　　URL. http://www.modelkasten.com/

印刷／製本　大日本印刷株式会社

◎内容に関するお問い合わせ先：03(6820)7000　㈱アートボックス
◎販売に関するお問い合わせ先：03(3294)7861　㈱大日本絵画

Publisher: Dainippon Kaiga Co., Ltd.
Kanda Nishiki-cho 1-7, Chiyoda-ku, Tokyo 101-0054 Japan
Phone 81-3-3294-7861
Dainippon Kaiga URL. http://www.kaiga.co.jp.
Copyright ©2018 DAINIPPON KAIGA Co., Ltd.
Editor: ARTBOX Co.,Ltd.
Nishikicho 1-chome bldg., 4th Floor, Kanda Nishiki-cho 1-7, Chiyoda-ku, Tokyo 101-0054 Japan
Phone 81-3-6820-7000
ARTBOX URL: http://www.modelkasten.com/

Copyright ©2018 株式会社　大日本絵画
本書掲載の写真、図版および記事等の無断転載を禁じます。
定価はカバーに表示してあります。

ISBN978-4-499-23252-4